みんなの日本語 初級I 第2版

Minna no Nihongo

Giapponese elementare I
Traduzione e Note grammaticali – Italiano

翻訳・文法解説
イタリア語版

スリーエーネットワーク

© 2013 by 3A Corporation

All rights reserved. No part of this publication may be reproduced, stored in a retrieval system or transmitted in any form or by any means, electronic, mechanical, photocopying, recording, or otherwise, without the prior written permission of the Publisher.

Published by 3A Corporation.
Trusty Kojimachi Bldg., 2F, 4, Kojimachi 3-Chome, Chiyoda-ku, Tokyo 102-0083, Japan

ISBN978-4-88319-635-7 C0081

First published 2013
Printed in Japan

PREFAZIONE

Il volume **Minna no Nihongo** è un testo didattico per l'apprendimento della lingua giapponese che, come recita il titolo "il giapponese per tutti", è stato realizzato con lo scopo di permettere a chi inizia lo studio del giapponese di imparare divertendosi, e a chi invece il giapponese lo insegna, di tenere delle lezioni interessanti. Frutto di tre anni di ricerca e progettazione è questo il testo perfetto da affiancare a **Shin Nihongo no Kiso**.

Come forse saprete, **Shin Nihongo no Kiso** è un manuale indirizzato principalmente ai tirocinanti tecnici, ma che, grazie alla particolare organizzazione dei suoi contenuti, può essere facilmente utilizzato anche come testo didattico di livello base per gli apprendenti che intendono acquisire in breve tempo una sufficiente capacità di conversazione. Grazie alla sua estrema usabilità ed efficacia questo testo viene oggi largamente utilizzato sia in Giappone che all'estero.

In questi ultimi anni l'insegnamento della lingua giapponese si è fatto sempre più variegato: se da una parte lo sviluppo delle relazioni internazionali ha portato a un approfondimento degli scambi tra il Giappone e l'estero, sono invece sempre di più gli stranieri che, con i più disparati background e obiettivi, si trovano immersi nelle diverse realtà socio-territoriali giapponesi. Questo aumento di cittadini stranieri ha comportato un mutamento negli ambienti sociali orbitanti attorno all'insegnamento della lingua giapponese, arrivando a influenzare anche le singole realtà educative; per questo motivo oggi si rende necessario dare una risposta precisa al continuo variegarsi delle esigenze di studio.

È quindi in questo scenario che 3A Corporation decide di pubblicare **Minna no Nihongo**, in risposta alle richieste e ai suggerimenti raccolti negli anni dalle moltissime persone che, sia in Giappone che all'estero, si sono trovate ad affrontare le difficoltà dell'insegnamento della lingua giapponese. In altre parole **Minna no Nihongo**, mentre da un lato sfrutta la chiarezza espositiva e il metodo di apprendimento caratteristici di **Shin Nihongo no Kiso**, dall'altro risponde al continuo variegarsi degli apprendenti, offrendo per esempio diverse situazioni di conversazione con vari personaggi. Si presenta così come un testo dall'alta praticità, ricco di contenuti e di idee, che rende piacevole lo studio del giapponese superando gli ostacoli costituiti dalle particolarità culturali dei vari apprendenti, sia in Giappone che all'estero.

Minna no Nihongo si rivolge a tutti gli stranieri che hanno un bisogno immediato di comunicare in giapponese in situazioni come il lavoro, la famiglia, la scuola, il territorio. Nonostante questo sia un libro pensato per i principianti, abbiamo cercato di rispecchiare il più possibile la situazione attuale e la vita sociale e quotidiana in Giappone, attraverso le varie interazioni tra giapponesi e stranieri presenti nel testo. Anche se il target principale del volume è il grande pubblico, il suo utilizzo è ovviamente consigliato anche come testo per corsi intensivi di ingresso a università, per scuole di specializzazione o per percorsi di preparazione agli studi.

È nostra ferma intenzione continuare a proporre anche in futuro materiali didattici sempre nuovi e aggiornati, che possano rispondere alle singole esigenze di apprendenti e di situazioni sempre più differenziate, fiduciosi del supporto dei nostri lettori.

Vogliamo infine esprimere la nostra profonda gratitudine a quanti, da ogni parte del mondo, ci hanno offerto il loro contributo sotto forma di idee e suggerimenti. Ci auguriamo che la 3A Corporation possa continuare anche in futuro a favorire l'interazione tra le persone di tutto il mondo attraverso la pubblicazione di materiale didattico per lo studio del giapponese. Certi del vostro supporto e incoraggiamento.

Marzo 1998
Iwao Ogawa
Presidente e amministratore delegato
3A Corporation

INTRODUZIONE ALLA SECONDA EDIZIONE
— A proposito della pubblicazione di *Minna no Nihongo Shokyu (2° ediz.)* —

Quella che avete tra le mani è la seconda edizione di *Minna no Nihongo Shokyu* che, come già spiegato nell'introduzione alla prima edizione, è un libro di testo pensato come pubblicazione gemella di *Shin Nihongo no Kiso*, il manuale per i tirocinanti tecnici.

Questo libro è stato dato alle stampe per la prima volta nel marzo 1998, in un periodo in cui, parallelamente allo sviluppo delle relazioni internazionali, anche l'ambiente sociale che ruota attorno all'insegnamento della lingua giapponese cambiava velocemente per via della diversificazione delle esigenze e degli obiettivi degli apprendenti, in improvviso aumento, che richiedevano una risposta specifica ai loro bisogni. Con quella pubblicazione 3A Corporation rispondeva così ai suggerimenti e alle richieste pervenute da vari centri di insegnamento della lingua giapponese.

Minna no Nihongo Shokyu è stato utilizzato per più di dieci anni da quegli apprendenti che desideravano fare in breve tempo pratica di conversazione giapponese, e che riconoscevano la buona efficacia di questo testo, dovuta alla chiarezza negli argomenti e negli esercizi, all'alta usabilità per qualsiasi tipo di apprendente, e a un contenuto didattico ben bilanciato. Tuttavia, la "lingua" è qualcosa che cambia con il passare del tempo. Recentemente il Giappone, come altre parti del mondo, è stato protagonista di grandi cambiamenti, e anche la situazione che circonda la lingua giapponese e i suoi apprendenti si è modificata sensibilmente negli ultimi anni.

Proprio per questi motivi la nostra casa editrice pubblica questa seconda edizione di *Minna no Nihongo Shokyu I - II*, correggendone alcune parti e integrandola con la grande mole di suggerimenti e domande che abbiamo ricevuto dagli studenti e dagli insegnanti, nonché con l'esperienza editoriale e di ricerca accumulata; tutto questo nella speranza di poter contribuire ulteriormente allo sviluppo della didattica della lingua giapponese.

Le due principali correzioni riguardano il miglioramento dell'applicabilità della lingua, e l'aggiornamento di quelle parole e situazioni che non sono più al passo coi tempi. Facendo tesoro dei suggerimenti di apprendenti e insegnanti di giapponese, abbiamo aggiunto nuovi esercizi e attività mantenendo intatta la caratteristica di testo "facile da studiare, facile da insegnare". Quelle che proponiamo non sono le tipiche esercitazioni passive che si limitano alla ripetizione di schemi dati, bensì un sistema che stimoli a migliorare la produzione linguistica attraverso il ragionamento individuale e la comprensione del contesto. Per questo motivo, largo spazio è stato dato alle illustrazioni.

Infine vogliamo esprimere la nostra profonda gratitudine a quanti, da diverse parti del mondo, ci hanno concesso la loro preziosa collaborazione condividendo con noi opinioni e suggerimenti elaborati durante le lezioni. Ci auguriamo di poter continuare anche in futuro, attraverso la realizzazione di materiali didattici che risultino utili per chiunque, a dare il nostro contributo, non solo agli apprendenti che hanno la necessità di comunicare in giapponese, ma anche a tutte quelle persone impegnate nelle attività di scambio internazionale. Confidando sempre più nel vostro prezioso supporto e incoraggiamento.

Giugno 2012
Takuji Kobayashi
Presidente e amministratore delegato
3A Corporation

COME UTILIZZARE QUESTO LIBRO

I. Composizione del libro

Minna no Nihongo Shokyu I (2° ediz.) è composto dal Volume principale (con CD) e dal volume Traduzione – Note grammaticali. Al momento è prevista la pubblicazione del volume Traduzione – Note grammaticali tradotto in 12 lingue.

Questo testo didattico è stato realizzato con l'obiettivo di permettere una preparazione nelle quattro abilità linguistiche: parlare, ascoltare, leggere e scrivere. Il solo aspetto che non è trattato nel Volume principale e nel volume Traduzione – Note grammaticali è una guida alla lettura e scrittura di hiragana, katakana e kanji.

II. Contenuto del libro

1. Volume principale

1) La pronuncia del giapponese

Presenta esempi sui problemi fondamentali riguardanti la pronuncia del giapponese.

2) Il giapponese in classe, Saluti ed espressioni giornaliere, Numerali

Presentano le parole che verranno utilizzate in classe e le forme fondamentali dei saluti quotidiani.

3) Lezioni principali

Questa parte si compone di 25 Lezioni, il cui contenuto è suddiviso come segue:

① Frasi modello

Presentano la forma base studiata in quella Lezione.

② Frasi di esempio

Mostrano in che modo le forme base vengono utilizzate realmente attraverso brevi dialoghi. Inoltre presenta elementi di studio aggiuntivi oltre alle forme base, come l'utilizzo di nuovi avverbi o congiunzioni.

③ Conversazione

Nelle conversazioni fanno la loro comparsa cittadini stranieri che vivono in Giappone, e vengono messe in scena varie situazioni. Queste sono costruite in modo complementare al contenuto didattico delle varie Lezioni tramite l'utilizzo di frasi idiomatiche ed espressioni tipiche della comunicazione quotidiana. Volendo, è anche possibile sviluppare ulteriormente l'esercizio di conversazione servendosi del vocabolario contenuto in Traduzione – Note grammaticali.

④ Esercizi

Gli esercizi sono divisi in tre tipi: A, B, e C.

Gli esercizi A hanno una componente grafica che facilita la comprensione delle strutture grammaticali. Questo, oltre ad aiutare lo studente a fissare le forme base, rende più semplice l'apprendimento delle coniugazioni e dell'uso delle congiunzioni.

Negli esercizi di tipo B si cerca di rafforzare la memorizzazione delle forme base attraverso esercitazioni di vario tipo. I numeri degli esercizi contrassegnati da (➡) indicano l'utilizzo di illustrazioni.

Gli esercizi di tipo C servono a sviluppare la capacità di comunicazione. Si tratta di creare una conversazione sostituendo i termini sottolineati nel dialogo presentato con termini appropriati alla nuova situazione ma affinché l'esercizio non si limiti a una meccanica sostituzione di parole, abbiamo ridotto al minimo la trascrizione dei termini da sostituire, rappresentati invece dalle figure: in questo modo dalla stessa immagine possiamo ottenere una diversa ipotesi di conversazione a seconda dello studente, con il risultato di avere esercizi con un alto grado di libertà.

Le soluzioni degli esercizi di tipo B e C sono riportate in una sezione a parte.

⑤ Problemi

I problemi si dividono in: problemi di ascolto, problemi di grammatica e problemi di comprensione del testo. Per l'ascolto abbiamo problemi in cui si deve rispondere direttamente a una breve domanda e problemi in cui si devono afferrare i punti chiave di un breve dialogo. I problemi grammaticali servono a verificare la comprensione dei vocaboli e degli elementi grammaticali. Nei problemi di comprensione del testo, dopo la lettura di semplici frasi che utilizzano vocaboli ed elementi grammaticali già studiati, si propongono operazioni di vario tipo sul contenuto del testo.

⑥ Ripasso

Pensato per permettere il riordino dei punti fondamentali degli elementi didattici di ogni Lezione.

⑦ Riepilogo degli avverbi, congiunzioni, espressioni parlate

Fornisce dei problemi finalizzati alla riorganizzazione mentale di avverbi, congiunzioni ed espressioni parlate presenti in questo libro.

4) **Tabelle dei verbi**

Le tabelle dei verbi riportate in questo libro includono i verbi e i loro suffissi.

5) **Lista degli elementi didattici**

Gli elementi didattici presentati in questo libro sono qui ordinati secondo gli esercizi di tipo A, in modo che l'apprendente possa comprendere come questi si colleghino alle frasi modello, alle frasi di esempio e agli esercizi di tipo B e C.

6) **Indice**

   I nuovi vocaboli ed espressioni contenute ne "Il giapponese in classe" e "Saluti ed espressioni giornaliere" sono riportati sotto la Lezione in cui compaiono per la prima volta.

7) **Il CD incluso**

   Nel CD incluso al Volume principale sono registrate le conversazioni di tutte le lezioni e i problemi di ascolto.

2. Traduzione – Note grammaticali

1) Spiegazioni su: le particolarità del giapponese, la scrittura giapponese, la pronuncia giapponese.

2) Traduzione di: "Il giapponese in classe" e "Saluti ed espressioni giornaliere".

3) Dalla Lezione 1 alla Lezione 25:
   ① traduzione dei nuovi vocaboli
   ② traduzione delle frasi modello, frasi di esempio e conversazioni
   ③ vocaboli aggiuntivi utili allo studio di quella lezione e breve presentazione di varie situazioni in Giappone
   ④ spiegazioni grammaticali su frasi modello ed espressioni

4) Ricapitolazione di numeri, espressioni di ora e tempo, classificatori di quantità, coniugazioni verbali.

III. Tempo necessario alla didattica

Da 4 a 6 ore per lezione, per un totale di 150 ore.

IV. Vocaboli

Circa 1.000 vocaboli, con particolare attenzione a quelli usati più frequentemente nella vita quotidiana.

V. Notazione

I kanji seguono come regola generale lo standard fissato dalla Tabella di kanji di uso comune (Joyo Kanji) (1981, Bollettino del Consiglio dei Ministri).

1) Tra le letture composte (熟字訓(じゅくじくん), assembramenti di due o più kanji con una lettura particolare), si utilizza la scrittura in kanji per quelli indicati nelle Tabelle di appendice della Tabella di kanji di uso comune (Joyo Kanji).

   Es. 友達(ともだち) amico　　果物(くだもの) frutta　　眼鏡(めがね) occhiali

2) Per i nomi propri come nomi di stati o toponimi, oppure per termini specifici di arte e cultura si utilizzano anche kanji e letture che non sono presenti nella Tabella di kanji di uso comune (Joyo Kanji).

Es. 大阪(おおさか) Osaka   奈良(なら) Nara   歌舞伎(かぶき) kabuki

3) Per facilitare la leggibilità, si utilizzano anche scritture in kana.

Es. ある(有る・在る) avere, esserci   たぶん(多分) forse
きのう(昨日) ieri

4) I numeri in generale vengono scritti con cifre arabe.

Es. 9時(じ) ore nove   4月1日(がつついたち) primo aprile   1(ひと)つ uno

VI. Varie

1) Le parti di una frase che possono essere omesse sono racchiuse tra parentesi quadre [ ].

Es. 父(ちち)は 54[歳(さい)]です。   Mio padre ha 54 anni.

2) Nel caso esistano altre espressioni alternative, queste sono racchiuse tra parentesi tonde ( ).

Es. だれ(どなた)   chi

PER UN UTILIZZO EFFICACE

1. Memorizzare le parole
In Traduzione – Note grammaticali sono riportate tutte le nuove parole e la loro traduzione in italiano, divise per Lezione. È più facile memorizzare le nuove parole se le utilizzate in esercizi come la composizione di brevi frasi.

2. Esercitarsi sulle frasi modello
Svolgete gli Esercizi A e B a voce alta fino a padroneggiare il corretto significato delle frasi modello e la forma della frase.

3. Esercitarsi sulla conversazione
Gli Esercizi C presentano brevi conversazioni autoconclusive. Senza limitarsi all'esercitazione dei pattern, continuate il discorso in modo da rendere la conversazione più completa. Nelle Conversazioni vengono presentate scene che possiamo ritrovare nella vita reale di tutti i giorni. Mentre ascoltate il CD, provate ad accompagnare l'esecuzione vocale con i gesti del corpo e la mimica, in questo modo sarà più facile abituarsi naturalmente al giusto ritmo.

4. Fare delle verifiche
Alla fine di ogni Lezione ci sono dei Problemi. Verificate se avete compreso correttamente il contenuto della lezione con questi Problemi.

5. Provare a parlare realmente
Provate a parlare con dei giapponesi utilizzando il giapponese che avete appreso. Cercate di utilizzare al più presto quanto avete studiato. È questa la scorciatoia per migliorare in fretta.

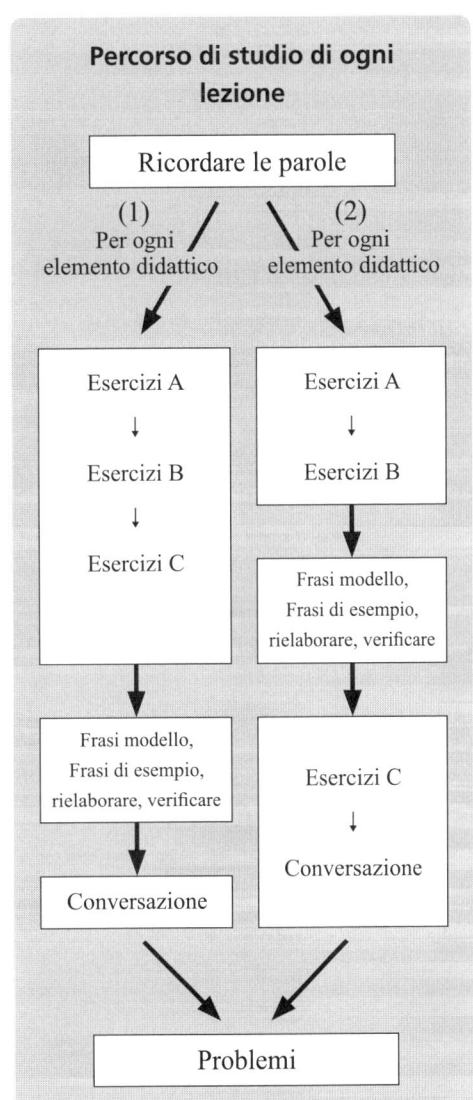

Potete seguire il percorso di studio (1) oppure (2). Per essere sicuri di aver studiato tutti i punti fondamentali, controllate la Lista degli elementi didattici alla fine del libro.

PERSONAGGI

Mike Miller

Americano, impiegato della IMC

Sato Keiko

Giapponese, impiegata della IMC

Jose Santos

Brasiliano, impiegato della Brazil Air

Maria Santos

Brasiliana, casalinga

Karina

Indonesiana, studentessa dell'Università Fuji

Wang Xue

Cinese, dottore dell'Ospedale di Kobe

Yamada Ichiro

Giapponese, impiegato della IMC

Yamada Tomoko

Giapponese, impiegata di banca

Matsumoto Tadashi
Giapponese,
capo dipartimento della IMC

Matsumoto Yoshiko
Giapponese, casalinga

Kimura Izumi
Giapponese, annunciatrice

John Watt
Inglese,
professore dell'Università Sakura

Karl Schmidt
Tedesco,
ingegnere della Power Denki

Lee Jin Ju
Coreana,
ricercatrice dell'AKC

Teresa Santos
Brasiliana, studentessa
delle elementari (9 anni)
figlia di Jose e Maria Santos

Yamada Taro
Giapponese, studente
delle elementari (8 anni)
figlio di Ichiro e Tomoko Yamada

Gupta
Indiano, impiegato della IMC

Thawaphon
Tailandese,
studente alla scuola di lingua giapponese

※ IMC（compagnia di software）
※ AKC（アジア研究センター：Centro Ricerche Asia）

SOMMARIO

LE PARTICOLARITÀ DEL GIAPPONESE 2
LA SCRITTURA GIAPPONESE 2

INTRODUZIONE
 Ⅰ. La pronuncia giapponese 3
 Ⅱ. Il giapponese in classe 7
 Ⅲ. Saluti ed espressioni giornaliere 7

TERMINI USATI NELLE SPIEGAZIONI 8
ABBREVIAZIONI E SIMBOLI 9

Lezione 1 10
 Ⅰ. Vocaboli
 Ⅱ. Traduzione
  Frasi modello e frasi di esempio
  Conversazione: **Piacere**
 Ⅲ. Parole e informazioni utili
  Stato, cittadino, lingua
 Ⅳ. Note grammaticali
  1. N_1 は N_2 です
  2. N_1 は N_2 じゃ（では）ありません
  3. N_1 は N_2 ですか
  4. N も
  5. N_1 の N_2
  6. ～さん

Lezione 2 16
 Ⅰ. Vocaboli
 Ⅱ. Traduzione
  Frasi modello e frasi di esempio
  Conversazione:
   Mi affido alle sue cure
 Ⅲ. Parole e informazioni utili
  Cognomi
 Ⅳ. Note grammaticali
  1. これ／それ／あれ
  2. この N／その N／あの N
  3. そうです
  4. ～か、～か
  5. N_1 の N_2
  6. の per sostituire un nome
  7. お～
  8. そうですか

Lezione 3 22

Ⅰ. Vocaboli
Ⅱ. Traduzione
　Frasi modello e frasi di esempio
　Conversazione: **Mi dia questo**
Ⅲ. Parole e informazioni utili
　Ai grandi magazzini

Ⅳ. Note grammaticali
1. ここ／そこ／あそこ／こちら／そちら／あちら
2. Nは luogo です
3. どこ／どちら
4. N₁の N₂
5. Tabella dei dimostrativi
　こ／そ／あ／ど
6. お〜

Lezione 4 28

Ⅰ. Vocaboli
Ⅱ. Traduzione
　Frasi modello e frasi di esempio
　Conversazione:
　　Fino a che ora siete aperti?
Ⅲ. Parole e informazioni utili
　Telefono e lettere

Ⅳ. Note grammaticali
1. 今 −時−分です
2. Vます／Vません／Vました／Vませんでした
3. N (tempo) に V
4. N₁から N₂まで
5. N₁と N₂
6. 〜ね

Lezione 5 34

Ⅰ. Vocaboli
Ⅱ. Traduzione
　Frasi modello e frasi di esempio
　Conversazione:
　　Questo treno va a Koshien?
Ⅲ. Parole e informazioni utili
　Festività nazionali

Ⅳ. Note grammaticali
1. N (luogo)へ 行きます／来ます／帰ります
2. どこ［へ］も 行きません／行きませんでした
3. N (mezzo di trasporto)で 行きます／来ます／帰ります
4. N (persone/animali)と V
5. いつ
6. 〜よ
7. そうですね

Lezione 6 — 40

I. **Vocaboli**
II. **Traduzione**
   Frasi modello e frasi di esempio
   Conversazione:
   Perché non andiamo insieme?
III. **Parole e informazioni utili**
   Cibo

IV. **Note grammaticali**
1. N を V (transitivo)
2. N を します
3. 何を しますか
4. なん e なに
5. N (luogo) で V
6. V ませんか
7. V ましょう
8. 〜か

Lezione 7 — 46

I. **Vocaboli**
II. **Traduzione**
   Frasi modello e frasi di esempio
   Conversazione: **Benvenuti**
III. **Parole e informazioni utili**
   Famiglia

IV. **Note grammaticali**
1. N (strumento/modo) で V
2. "Parola/frase"は 〜語で 何ですか
3. N₁ (persona) に N₂を あげます, etc.
4. N₁ (persona) に N₂を もらいます, etc.
5. もう V ました
6. Omissione delle particelle

Lezione 8 — 52

I. **Vocaboli**
II. **Traduzione**
   Frasi modello e frasi di esempio
   Conversazione:
   Fra poco togliamo il disturbo
III. **Parole e informazioni utili**
   Colori e sapori

IV. **Note grammaticali**
1. Aggettivi
2. Nは Agg-な[な]です
   Nは Agg-い(〜い)です
3. Agg-な[な] N
   Agg-い(〜い) N
4. 〜が、〜
5. とても／あまり
6. Nは どうですか
7. N₁は どんな N₂ですか
8. そうですね

Lezione 9 58

Ⅰ. Vocaboli
Ⅱ. Traduzione
    Frasi modello e frasi di esempio
    Conversazione: **È un peccato ma...**
Ⅲ. Parole e informazioni utili
    Musica, sport e film

Ⅳ. Note grammaticali
  1. Nが あります／わかります
     Nが 好きです／嫌いです／
     上手です／下手です
  2. どんな N
  3. よく／だいたい／たくさん／少し／
     あまり／全然
  4. 〜から、〜
  5. どうして

Lezione 10 64

Ⅰ. Vocaboli
Ⅱ. Traduzione
    Frasi modello e frasi di esempio
    Conversazione: **Avete del nam pla?**
Ⅲ. Parole e informazioni utili
    In casa

Ⅳ. Note grammaticali
  1. Nが あります／います
  2. Luogoに Nが あります／います
  3. Nは luogoに あります／います
  4. N_1 (cose/persone/luoghi)の
     N_2 (posizione)
  5. N_1や N_2
  6. アジアストアですか

Lezione 11 70

Ⅰ. Vocaboli
Ⅱ. Traduzione
    Frasi modello e frasi di esempio
    Conversazione:
      Questo, per favore
Ⅲ. Parole e informazioni utili
    Menu

Ⅳ. Note grammaticali
  1. Numeri e quantità
  2. Come usare i quantificatori
  3. Quantificatore (periodo di tempo)
     に 一回 V
  4. Quantificatoreだけ／Nだけ

Lezione 12 76

Ⅰ. Vocaboli
Ⅱ. Traduzione
    Frasi modello e frasi di esempio
    Conversazione:
      Com'è stato il festival di Gion?
Ⅲ. Parole e informazioni utili
    Festival e luoghi famosi

Ⅳ. Note grammaticali
  1. Tempo e forma affermativa/negativa
     delle frasi nominali e con aggettivo-な
  2. Tempo e forma affermativa/negativa
     delle frasi con aggettivo-い
  3. N_1は N_2より Aggです
  4. N_1と N_2と どちらが Aggですか
     ……N_1／N_2の ほうが Aggです
  5. N_1[の 中]で 何／どこ／だれ／いつ
     が いちばん Aggですか
     ……N_2が いちばん Aggです
  6. Aggの (nome sostituito con の)

Lezione 13 — 82

I. **Vocaboli**
II. **Traduzione**
   Frasi modello e frasi di esempio
   Conversazione:
   Ci faccia separati, per favore
III. **Parole e informazioni utili**
   In città
IV. **Note grammaticali**
   1. Nが 欲しいです
   2. V(forma-ます)たいです
   3. N(luogo)へ { V(forma-ます) / N } に 行きます／来ます／帰ります
   4. どこか／何か
   5. ご〜

Lezione 14 — 88

I. **Vocaboli**
II. **Traduzione**
   Frasi modello e frasi di esempio
   Conversazione:
   Midoricho, per favore
III. **Parole e informazioni utili**
   Alla stazione
IV. **Note grammaticali**
   1. Gruppi di verbi
   2. V forma-て
   3. V forma-て ください
   4. V forma-て います
   5. V(forma-ます)ましょうか
   6. NがV
   7. すみませんが

Lezione 15 — 94

I. **Vocaboli**
II. **Traduzione**
   Frasi modello e frasi di esempio
   Conversazione: **La sua famiglia?**
III. **Parole e informazioni utili**
   Professioni
IV. **Note grammaticali**
   1. V forma-ても いいですか
   2. V forma-ては いけません
   3. V forma-て います
   4. NにV
   5. N₁に N₂を V

Lezione 16 — 100

I. **Vocaboli**
II. **Traduzione**
   Frasi modello e frasi di esempio
   Conversazione:
   Mi spieghi come si usa
III. **Parole e informazioni utili**
   Utilizzo del bancomat
IV. **Note grammaticali**
   1. Come collegare due o più frasi
   2. V₁ forma-てから、V₂
   3. N₁は N₂が Agg
   4. NをV
   5. どうやって
   6. どれ／どの N

Lezione 17 106
I. **Vocaboli**
II. **Traduzione**
   Frasi modello e frasi di esempio
   Conversazione: **Che cosa si sente?**
III. **Parole e informazioni utili**
   Corpo e malattie
IV. **Note grammaticali**
   1. V forma-ない
   2. V(forma-ない)ないで ください
   3. V(forma-ない)なければ なりません
   4. V(forma-ない)なくても いいです
   5. Rendere un oggetto il tema della frase
   6. N(tempo)までに V

Lezione 18 112
I. **Vocaboli**
II. **Traduzione**
   Frasi modello e frasi di esempio
   Conversazione: **Qual è il suo hobby?**
III. **Parole e informazioni utili**
   Movimenti
IV. **Note grammaticali**
   1. Forma del dizionario dei verbi (V forma diz.)
   2. $\left.\begin{array}{l}\text{N}\\ \text{V forma diz. こと}\end{array}\right\}$が できます
   3. わたしの 趣味は $\left.\begin{array}{l}\text{N}\\ \text{V forma diz. こと}\end{array}\right\}$です
   4. $\left.\begin{array}{l}\text{V}_1 \text{ forma diz.}\\ \text{N の}\\ \text{Quantificatore (periodo di tempo)}\end{array}\right\}$まえに、$\text{V}_2$
   5. なかなか
   6. ぜひ

Lezione 19 118
I. **Vocaboli**
II. **Traduzione**
   Frasi modello e frasi di esempio
   Conversazione:
      La dieta la faccio da domani
III. **Parole e informazioni utili**
   Cultura tradizionale e intrattenimento
IV. **Note grammaticali**
   1. V forma-た
   2. V forma-た ことが あります
   3. V_1 forma-たり、V_2 forma-たり します
   4. $\left.\begin{array}{l}\text{Agg-い}(\sim\text{い})\rightarrow\sim\text{く}\\ \text{Agg-な}[\text{な}]\rightarrow\sim\text{に}\\ \text{N に}\end{array}\right\}$なります

Lezione 20 124
I. **Vocaboli**
II. **Traduzione**
   Frasi modello e frasi di esempio
   Conversazione:
      Perché non ci andiamo insieme?
III. **Parole e informazioni utili**
   Modi di chiamare le persone
IV. **Note grammaticali**
   1. Registro cortese e registro piano
   2. Uso corretto di registro cortese e registro piano
   3. Conversazione con registro piano

Lezione 21 — 130

I. **Vocaboli**
II. **Traduzione**
   Frasi modello e frasi di esempio
   Conversazione: **Lo penso anch'io**
III. **Parole e informazioni utili**
   Istituzioni e cariche

IV. **Note grammaticali**
   1. Forma piana と思います
   2. "Frase"／Forma piana } と言います
   3. V／Agg-い } forma piana
      Agg-な } forma piana
      N ～だ
      } でしょう？
   4. N₁ (luogo) で N₂ が あります
   5. N (occasione) で
   6. N でも V
   7. V (forma-ない) ないと……

Lezione 22 — 136

I. **Vocaboli**
II. **Traduzione**
   Frasi modello e frasi di esempio
   Conversazione:
   Che tipo di appartamento sta cercando?
III. **Parole e informazioni utili**
   Abbigliamento

IV. **Note grammaticali**
   1. Modificatori del nome
   2. V forma diz. 時間／約束／用事
   3. V (forma-ます) ましょうか

Lezione 23 — 142

I. **Vocaboli**
II. **Traduzione**
   Frasi modello e frasi di esempio
   Conversazione: **Come ci si arriva?**
III. **Parole e informazioni utili**
   Strade e traffico

IV. **Note grammaticali**
   1. V forma diz.
      V (forma-ない) ない
      Agg-い (～い)
      Agg-な [な]
      N の
      } とき、～ (frase principale)
   2. V forma diz.／V forma-た } とき、～ (frase principale)
   3. V forma diz. と、～ (frase principale)
   4. N が Agg
   5. N を V di movimento

Lezione 24 148

Ⅰ. Vocaboli
Ⅱ. Traduzione
   Frasi modello e frasi di esempio
   Conversazione:
   Vengo a darle una mano?
Ⅲ. Parole e informazioni utili
   Scambi di regali

Ⅳ. Note grammaticali
   1. くれます
   2. V forma-て { あげます / もらいます / くれます }
   3. N₁ は N₂ が V

Lezione 25 154

Ⅰ. Vocaboli
Ⅱ. Traduzione
   Frasi modello e frasi di esempio
   Conversazione: **Grazie di tutto**
Ⅲ. Parole e informazioni utili
   Vita

Ⅳ. Note grammaticali
   1. Forma piana passata ら、～(frase principale)
   2. V forma-たら、～(frase principale)
   3. V forma-て
      V (forma-ない)なくて
      Agg-い(～い)→～くて
      Agg-な[な]→～で
      N で
      } も、～(frase principale)
   4. もし
   5. Soggetto di una frase subordinata

Approfondimento 1 : Tema e soggetto 160
Approfondimento 2 : Proposizioni 163

APPENDICI
Ⅰ. **Numerali** 164
Ⅱ. **Espressioni di tempo** 165
Ⅲ. **Espressioni di durata** 167
Ⅳ. **Classificatori** 168
Ⅴ. **Coniugazione dei verbi** 170

LE PARTICOLARITÀ DEL GIAPPONESE

1. Le parti del discorso Le frasi in giapponese sono composte da: verbi, aggettivi, nomi, avverbi, congiunzioni, particelle, etc.
2. L'ordine delle parole Il predicato va in fondo alla frase. I modificatori (gli attributi) di una parola precedono la parola stessa.
3. Il predicato In giapponese possono fungere da predicato i verbi, gli aggettivi e i nomi seguiti da です（だ）. Il predicato cambia forma a seconda che sia affermativo o negativo, oppure passato o non-passato. Non c'è invece nessun cambiamento in base alla persona, al maschile/femminile, o al singolare/plurale.
4. Particelle Le particelle vengono usate dopo alcune parole o frasi, e hanno la funzione di specificare il rapporto tra due parole, o aggiungere vari significati al discorso.
5. Omissioni Nei casi in cui soggetto o complemento oggetto siano evidenti dal contesto, questi vengono spesso omessi.

LA SCRITTURA GIAPPONESE

I caratteri giapponesi sono di tre tipi: hiragana, katakana e kanji.

Lo hiragana e il katakana sono sillabari fonetici (a ogni carattere corrisponde un suono), mentre i kanji (caratteri cinesi) sono grafemi che hanno contemporaneamente valore fonetico e semantico (a ogni carattere corrisponde almeno un suono e almeno un significato).

Normalmente in giapponese si scrive mescolando hiragana, katakana e kanji. I nomi di persona e luoghi stranieri, così come le parole di origine straniera, si scrivono in katakana. Lo hiragana è utilizzato per scrivere le particelle e le desinenze o parti flesse di verbi e aggettivi.

Inoltre capita di utilizzare i caratteri latini (romaji) per rendere una parola leggibile anche per gli stranieri, per esempio i nomi delle stazioni del treno.

Ecco un esempio di utilizzo dei quattro i tipi di carattere.

田中　さん　は　ミラー　さん　と　デパート　へ　行　きます。
〇　　□　　□　　△　　□　　□　　△　　□　〇　　□
Il sig. Tanaka va ai grandi magazzini con il sig. Miller.

大阪　Osaka
〇　　☆

(〇 – kanji　□ – hiragana　△ – katakana　☆ – romaji)

INTRODUZIONE

I. La pronuncia giapponese

1. Kana e mora (haku)

I suoni della lingua giapponese possono essere rappresentati dai due alfabeti kana (hiragana e katakana) come mostrato sotto.

Le more (haku) sono l'unità di misura che corrisponde alla lunghezza di un kana (o nel caso di sillabe contratte, a due kana).

Le vocali in giapponese sono 5: あ (a), い (i), う (u), え (e), お (o), possono stare da sole oppure essere accompagnate da consonanti o semiconsonanti come (y) per comporre un suono diverso (es. k+a = か, k+y+a = きゃ) (ん è un'eccezione e può stare da sola). Questi suoni vengono pronunciati più o meno con la stessa lunghezza.

Es.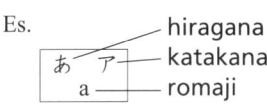

	colonna あ	colonna い	colonna う	colonna え	colonna お
linea あ	あ ア a	い イ i	う ウ u	え エ e	お オ o
linea か k	か カ ka	き キ ki	く ク ku	け ケ ke	こ コ ko
linea さ s	さ サ sa	し シ shi	す ス su	せ セ se	そ ソ so
linea た t	た タ ta	ち チ chi	つ ツ tsu	て テ te	と ト to
linea な n	な ナ na	に ニ ni	ぬ ヌ nu	ね ネ ne	の ノ no
linea は h	は ハ ha	ひ ヒ hi	ふ フ fu	へ ヘ he	ほ ホ ho
linea ま m	ま マ ma	み ミ mi	む ム mu	め メ me	も モ mo
linea や y	や ヤ ya	(い イ) (i)	ゆ ユ yu	(え エ) (e)	よ ヨ yo
linea ら r	ら ラ ra	り リ ri	る ル ru	れ レ re	ろ ロ ro
linea わ w	わ ワ wa	(い イ) (i)	(う ウ) (u)	(え エ) (e)	を ヲ o
	ん ン n				

きゃ キャ kya	きゅ キュ kyu	きょ キョ kyo
しゃ シャ sha	しゅ シュ shu	しょ ショ sho
ちゃ チャ cha	ちゅ チュ chu	ちょ チョ cho
にゃ ニャ nya	にゅ ニュ nyu	にょ ニョ nyo
ひゃ ヒャ hya	ひゅ ヒュ hyu	ひょ ヒョ hyo
みゃ ミャ mya	みゅ ミュ myu	みょ ミョ myo
りゃ リャ rya	りゅ リュ ryu	りょ リョ ryo

linea が g	が ガ ga	ぎ ギ gi	ぐ グ gu	げ ゲ ge	ご ゴ go
linea ざ z	ざ ザ za	じ ジ ji	ず ズ zu	ぜ ゼ ze	ぞ ゾ zo
linea だ d	だ ダ da	ぢ ヂ ji	づ ヅ zu	で デ de	ど ド do
linea ば b	ば バ ba	び ビ bi	ぶ ブ bu	べ ベ be	ぼ ボ bo
linea ぱ p	ぱ パ pa	ぴ ピ pi	ぷ プ pu	ぺ ペ pe	ぽ ポ po

ぎゃ ギャ gya	ぎゅ ギュ gyu	ぎょ ギョ gyo
じゃ ジャ ja	じゅ ジュ ju	じょ ジョ jo
びゃ ビャ bya	びゅ ビュ byu	びょ ビョ byo
ぴゃ ピャ pya	ぴゅ ピュ pyu	ぴょ ピョ pyo

I katakana nel box a destra non compaiono nella tavola dei kana e sono utilizzati per trascrivere suoni che non sono presenti nel sistema fonetico giapponese, ma che servono per la pronuncia di parole straniere.

	ウィ wi		ウェ we	ウォ wo
			シェ she	
			チェ che	
ツァ tsa			ツェ tse	ツォ tso
	ティ ti	トゥ tu		
ファ fa	フィ fi		フェ fe	フォ fo
			ジェ je	
	ディ di	ドゥ du		
		デュ dyu		

2. Vocali lunghe

Le cinque vocali あ, い, う, え e お del giapponese sono vocali brevi, ma la loro lunghezza può essere raddoppiata (due more) per ottenere delle vocali lunghe. Il significato di una parola cambia completamente a seconda della lunghezza delle vocali.

Es. おばさん(zia)：おばあさん(nonna)
おじさん(zio)：おじいさん(nonno)
ゆき(neve)：ゆうき(coraggio)
え(disegno)：ええ(sì)
とる(prendere)：とおる(passare)
ここ(qui)：こうこう(liceo)
へや(stanza)：へいや(pianura)
カード(carta, tessera)　タクシー(taxi)　スーパー(supermercato)
エスカレーター(scala mobile)　ノート(quaderno)

[Nota]
1) **quando si scrive in hiragana**

   Per allungare le vocali della colonna あ, い e う basta aggiungervi rispettivamente あ, い e う.

   Per allungare le vocali della colonna え si aggiunge い.
   (Eccezione：ええ sì, ねえ ehi, おねえさん sorella maggiore)

   Per allungare le vocali della colonna お si aggiunge う.
   (Eccezione：おおきい grande, おおい tanti, とおい lontano)

2) **quando si scrive in katakana**

   Si aggiunge il segno di suono lungo "ー".

3. Pronuncia di ん

Nessuna parola giapponese inizia per ん. La lunghezza di ん corrisponde a una mora. Per facilità di pronuncia ん è scandita come /n/, /m/, o /ŋ/ a seconda del suono successivo.

① prima di suoni della linea た, だ, ら e な si pronuncia /n/.
  Es. はんたい(contrario)　うんどう(sport)　せんろ(binario)　みんな(tutti)
② prima di suoni della linea ば, ぱ e ま si pronuncia /m/.
  Es. しんぶん(giornale)　えんぴつ(matita)　うんめい(destino)
③ prima di suoni della linea か e が si pronuncia /ŋ/.
  Es. てんき(tempo atmosferico)　けんがく(visita di studio).

4. Pronuncia di っ

っ ha la durata di una mora, e può comparire davanti ai suoni delle linee か, さ, た e ぱ. Nel caso di parole di origine straniera può comparire anche prima di suoni della linea ザ, ダ, etc.

Es. ぶか (sottoposto)：ぶっか (prezzo della vita)
    かさい (incendio)：かっさい (applausi)
    おと (suono)：おっと (marito)
    にっき (diario)   ざっし (rivista)   きって (francobollo)
    いっぱい (pieno)   コップ (bicchiere)   ベッド (letto)

5. Suoni contratti

I suoni rappresentati con gli hiragana piccoli や, ゆ e よ dopo uno hiragana a misura intera sono detti yo-on (suoni contratti). Anche se si scrivono con due caratteri, la loro durata è di una unica mora.

Es. ひやく (salto)：ひゃく (cento)
    じゆう (libertà)：じゅう (dieci)
    びよういん (parrucchiere)：びょういん (ospedale)
    シャツ (camicia)   おちゃ (tè)   ぎゅうにゅう (latte)   きょう (oggi)
    ぶちょう (capo dipartimento)   りょこう (viaggio)

6. Pronuncia della linea が

La consonante della linea が, in caso di prima lettera della parola si pronuncia [g], ma in tutti gli altri casi si pronuncia [ŋ]. Ultimamente però molte persone non fanno distinzione, e pronunciano [g] a prescindere dalla posizione della sillaba nella parola.

7. Devocalizzazione delle vocali

Le vocali [i] e [u] tendono ad essere devocalizzate e diventare sorde quando cadono tra consonanti sorde (es. すき piacere). Inoltre, la [u] finale di 〜です e 〜ます è spesso sorda (es. したいです voglio fare, ききます sentire).

8. Accento

La lingua giapponese ha degli accenti di tono, ovvero alcune more di una parola sono pronunciate con un tono alto, e altre con un tono basso.
Ci sono 4 tipi di accento, in base al quale può cambiare il significato della parola. L'accento standard giapponese è caratterizzato dal fatto che la prima e la seconda mora hanno toni diversi, e che il tono non risale mai dopo che è caduto una volta.
Tipi di accento

① Accento piano (senza cadute di tono)
    Es. にわ (giardino)   はな (naso)   なまえ (nome)
        にほんご (lingua giapponese)

② Accento iniziale (il tono cade dopo la prima mora)
    Es. ほん (libro)   てんき (tempo atmosferico)   らいげつ (il mese prossimo)

③ Accento mediano (il tono cade a metà della parola)
   Es. たまご(uovo) ひこうき(aereo) せんせい(maestro)
④ Accento finale (il tono cade dopo l'ultima mora)
   Es. くつ(scarpa) はな(fiore) やすみ(riposo)
        おとうと(fratello minore)

①はな (naso) e ④はな (fiore) si somigliano, ma quando sono seguiti dalla particella が, ① è pronunciato はなが, e ④ è pronunciato はなが. Ecco alcuni esempi di parole che cambiano di significato in base all'accento.
   はし(ponte) : はし(bacchette)   いち(uno) : いち(posizione)

Ci sono anche alcune differenze di accento in base alla regione. Per esempio l'accento di Osaka è abbastanza differente dall'accento standard.

   Es.   Accento di Tokyo   :   Accento di Osaka
         (accento standard)

                 はな : はな   (fiore)
                 りんご : りんご   (mela)
                 おんがく : おんがく (musica)

9. Intonazione

Ci sono tre tipi di intonazione nel giapponese: piana, ascendente e discendente. Le domande si pronunciano con intonazione ascendente, le altre frasi generalmente sono pronunciate con intonazione piana, ma a volte con intonazione discendente. L'intonazione discendente può esprimere sentimenti come approvazione, dispiacere, etc.

   佐藤：　あした 友達と お花見を します。【→ int. piana】
         ミラーさんも いっしょに 行きませんか。【↗ int. ascendente】
   ミラー：いいですね。【↘ int. calante】
   Sato: Domani farò hanami con gli amici.
            Sig. Miller, perché non viene anche lei?
   Miller: Che bella idea.

II. Il giapponese in classe

1. 始めましょう。 Iniziamo.
2. 終わりましょう。 Finiamo.
3. 休みましょう。 Facciamo una pausa.
4. わかりますか。 Hai/Avete capito? (lett. Capite?)
   ……はい、わかります。 ……Sì, ho/abbiamo capito. (lett. Sì, capiamo.)
   　　いいえ、わかりません。 　　No, non ho/abbiamo capito.
   　　　　　　　　　　　　　　 (lett. No, non capiamo.)
5. もう 一度 [お願いします]。 Ancora una volta [per favore].
6. いいです。 Va bene.
7. 違います。 No./Non è così.
8. 名前 nome
9. 試験、宿題 esame/compito in classe, compiti per casa
10. 質問、答え、例 domanda, risposta, esempio

III. Saluti ed espressioni giornaliere

1. おはよう ございます。 Buongiorno.
2. こんにちは。 Buon pomeriggio.
3. こんばんは。 Buonasera.
4. お休みなさい。 Buonanotte.
5. さようなら。 Arrivederci.
6. ありがとう ございます。 Grazie.
7. すみません。 Mi scusi.
8. お願いします。 Per favore.

TERMINI USATI NELLE SPIEGAZIONI

第一課	Lezione –	フォーム	forma
文型	Frase modello	～形	forma ～
例文	Frase di esempio	修飾	modificazione
会話	Conversazione	例外	eccezione
練習	Esercizi		
問題	Problema	名詞	nome
答え	Risposta	動詞	verbo
読み物	Lettura	形容詞	aggettivo
復習	Ripasso	い形容詞	aggettivo-い
		な形容詞	aggettivo-な
目次	Sommario	助詞	particella
		副詞	avverbio
索引	Indice analitico	接続詞	congiunzione
		数詞	numerale
文法	grammatica	助数詞	classificatore
文	frase	疑問詞	interrogativo
単語(語)	termine	名詞文	frase nominale
句	sintagma	動詞文	frase verbale
節	proposizione	形容詞文	frase aggettivale
発音	pronuncia	主語	soggetto
母音	vocale	述語	predicato
子音	consonante	目的語	complemento oggetto
拍	mora	主題	tema
アクセント	accento		
イントネーション	intonazione	肯定	affermativo
		否定	negativo
[か]行	linea か	完了	perfettivo
[い]列	colonna い	未完了	imperfettivo
		過去	passato
丁寧体	stile cortese	非過去	non-passato
普通体	stile piano		
活用	coniugazione		

ABBREVIAZIONI E SIMBOLI

1. Simboli usati in "I. Vocaboli"

① 〜 indica una parola o una frase mancante.

　　Es. 〜から 来ました。　Vengo da 〜.

② ー indica un numero.

　　Es. ー歳 (Ho) ー anni

③ Le parti del discorso che è possibile omettere sono racchiuse dentro parentesi quadra [ ].

　　Es. どうぞ よろしく [お願いします]。　Piacere di conoscerla.

④ Altre espressioni che è possibile usare sono racchiuse dentro parentesi tonda ( ).

　　Es. だれ(どなた)　chi

⑤ Parole contrassegnate da (＊) non sono usate in quella Lezione, ma sono presentate comunque perché relative al contenuto della Lezione.

⑥ La sezione 〈練習C〉 (Esercizi C) presenta le espressioni usate negli Esercizi C di quella Lezione.

⑦ La sezione 〈会話〉 (Conversazione) presenta le parole ed espressioni usate nella Conversazione di quella Lezione.

2. Abbreviazioni usate in "IV. Note grammaticali"

N	nome (名詞)	Es.	がくせい(studente)　つくえ(scrivania)
Agg-い	aggettivo-い (い形容詞)	Es.	おいしい(buono)　たかい(alto)
Agg-な	aggettivo-な (な形容詞)	Es.	きれい[な](bello) しずか[な](silenzioso)
V	verbo (動詞)	Es.	かきます(scrivere)　たべます(mangiare)

Lezione 1

I. Vocaboli

わたし		io
あなた		tu
あの ひと（あの かた）	あの 人（あの 方）	quella persona, lui, lei（あの かた è la forma cortese di あの ひと）
〜さん		signor 〜/signora 〜（suffisso che si aggiunge dopo i nomi di persona per esprimere cortesia）
〜ちゃん		（suffisso che si aggiunge dopo i nomi di bambino e che sostituisce 〜さん）
〜じん	〜人	（suffisso che indica la nazionalità, es. アメリカじん : un americano）
せんせい	先生	insegnante, maestro, istruttore（non si usa quando è riferito al proprio lavoro）
きょうし	教師	insegnante, maestro, istruttore
がくせい	学生	studente, studentessa
かいしゃいん	会社員	impiegato, dipendente di un'azienda
しゃいん	社員	impiegato, dipendente di un'azienda（si usa con i nomi di un'azienda, es. IMC の しゃいん）
ぎんこういん	銀行員	bancario, impiegato di banca
いしゃ	医者	medico
けんきゅうしゃ	研究者	ricercatore, studioso
だいがく	大学	università
びょういん	病院	ospedale
だれ（どなた）		chi（どなた è la forma cortese di だれ）
ーさい	ー歳	ー anni（suffisso per indicare l'età）
なんさい（おいくつ）	何歳	quanti anni（おいくつ è la forma cortese di なんさい）
はい		sì
いいえ		no

〈練習 C〉

初めまして。 — Piacere. (Si usa generalmente come prima frase quando ci si presenta)

～から 来ました。 — Vengo da ～.

[どうぞ] よろしく [お願いします]。 — Piacere di conoscerla. (Generalmente si usa alla fine di una presentazione)

失礼ですが — Mi scusi, posso chiederle... (Si usa per chiedere informazioni personali come nome o indirizzo all'interlocutore)

お名前は？ — Il suo nome?/Come si chiama?

こちらは ～さんです。 — Questo è il signor ～./Questa è la signora ～.

アメリカ	Stati Uniti d'America
イギリス	Inghilterra
インド	India
インドネシア	Indonesia
韓国	Corea del Sud
タイ	Thailandia
中国	Cina
ドイツ	Germania
日本	Giappone
ブラジル	Brasile
IMC／パワー電気／ブラジルエアー	nomi di aziende (nomi fittizi)
AKC	nome di un istituto (nome fittizio)
神戸病院	nome di un ospedale (nome fittizio)
さくら大学／富士大学	nomi di università (nomi fittizi)

II. Traduzione

Frasi modello
1. [Io] sono Mike Miller.
2. Il sig. Santos non è uno studente.
3. Il sig. Miller è un impiegato?
4. Anche il sig. Santos è un impiegato.

Frasi di esempio
1. [Lei] è il sig. Mike Miller?
   ······Sì, [io] sono Mike Miller.
2. Sig. Miller, lei è uno studente?
   ······No, non sono uno studente.
3. Il sig. Wang è un impiegato della banca?
   ······No, non è un impiegato della banca. È un medico.
4. Chi è quella persona?
   ······È il sig. Watt. È un insegnante dell'Università Sakura.
5. Il sig. Gupta è un impiegato?
   ······Sì, è un impiegato.
   Anche la sig.na Karina è un'impiegata?
   ······No. [La sig.na Karina] È una studentessa.
6. Quanti anni ha Teresa?
   ······Ha nove anni.

Conversazione

Piacere

Sato: Buongiorno.
Yamada: Buongiorno.
          Sig.na Sato, questo è il sig. Mike Miller.
Miller: Piacere.
          Sono Mike Miller.
          Vengo dagli Stati Uniti d'America.
          Lieto di conoscerla.
Sato: Sono Keiko Sato.
          Piacere mio.

III. Parole e informazioni utili

国(くに)・人(ひと)・ことば　　Stato, cittadino, lingua

国(くに)　Stato	人(ひと)　Cittadino	ことば　Lingua
アメリカ (Stati Uniti d'America)	アメリカ人(じん)	英語(えいご) (l'inglese)
イギリス (Inghilterra)	イギリス人(じん)	英語(えいご) (l'inglese)
イタリア (Italia)	イタリア人(じん)	イタリア語(ご) (l'italiano)
イラン (Iran)	イラン人(じん)	ペルシア語(ご) (il persiano)
インド (India)	インド人(じん)	ヒンディー語(ご) (lo hindi)
インドネシア (Indonesia)	インドネシア人(じん)	インドネシア語(ご) (l'indonesiano)
エジプト (Egitto)	エジプト人(じん)	アラビア語(ご) (l'arabo)
オーストラリア (Australia)	オーストラリア人(じん)	英語(えいご) (l'inglese)
カナダ (Canada)	カナダ人(じん)	英語(えいご) (l'inglese) / フランス語(ご) (il francese)
韓国(かんこく) (Corea del Sud)	韓国人(かんこくじん)	韓国語(かんこくご) (il coreano)
サウジアラビア (Arabia Saudita)	サウジアラビア人(じん)	アラビア語(ご) (l'arabo)
シンガポール (Singapore)	シンガポール人(じん)	英語(えいご) (l'inglese)
スペイン (Spagna)	スペイン人(じん)	スペイン語(ご) (lo spagnolo)
タイ (Tailandia)	タイ人(じん)	タイ語(ご) (il tailandese)
中国(ちゅうごく) (Cina)	中国人(ちゅうごくじん)	中国語(ちゅうごくご) (il cinese)
ドイツ (Germania)	ドイツ人(じん)	ドイツ語(ご) (il tedesco)
日本(にほん) (Giappone)	日本人(にほんじん)	日本語(にほんご) (il giapponese)
フランス (Francia)	フランス人(じん)	フランス語(ご) (il francese)
フィリピン (Filippine)	フィリピン人(じん)	フィリピノ語(ご) (il filippino)
ブラジル (Brasile)	ブラジル人(じん)	ポルトガル語(ご) (il portoghese)
ベトナム (Vietnam)	ベトナム人(じん)	ベトナム語(ご) (il vietnamita)
マレーシア (Malesia)	マレーシア人(じん)	マレーシア語(ご) (il malese)
メキシコ (Messico)	メキシコ人(じん)	スペイン語(ご) (lo spagnolo)
ロシア (Russia)	ロシア人(じん)	ロシア語(ご) (il russo)

IV. Note grammaticali

1. N_1 は N_2 です

1) Particella は

La particella は, indica che il nome che la precede (N_1) è il tema della frase (vedi Approfondimento 1: Tema e soggetto). Il parlante forma una frase posponendo は al tema di cui vuole parlare, e poi aggiunge i vari contenuti relativi a quel tema.

① わたしは マイク・ミラーです。　　　　Io sono Mike Miller.

[Nota] La particella は, si pronuncia わ.

2) です

I nomi associati a です funzionano da predicato. Oltre a indicare conclusione o affermazione, です esprime anche un atteggiamento di rispetto nei confronti dell'interlocutore. です cambia forma nel caso di frasi negative (vedi 2. sotto) o di forma passata (vedi Lezione 12).

② わたしは 会社員です。　　　　Io sono un impiegato.

2. N_1 は N_2 じゃ(では) ありません

じゃ(では) ありません è la forma negativa di です. Nella conversazione informale di tutti i giorni si usa moltissimo じゃ ありません. In conversazioni formali o nello scritto, si utilizza では ありません.

③ サントスさんは 学生じゃ ありません。　　Il sig. Santos non è uno studente.
　　　　　　　　　　　　(では)

[Nota] Il は di では si pronuncia わ.

3. N_1 は N_2 ですか　　(frase interrogativa)

1) Particella か

La particella か, si utilizza per esprimere dubbio o incertezza da parte del parlante. La frase interrogativa si ottiene aggiungendo semplicemente か alla fine della frase. La domanda è accompagnata generalmente da un innalzamento dell'intonazione della parte finale della frase.

2) Frasi interrogative di conferma.

Lasciando l'ordine delle parole invariato, si aggiunge か in fondo alla frase. Questa frase interrogativa si usa per chiedere se il contenuto di un'affermazione è corretto o meno: in caso affermativo la risposta è はい, nel caso contrario la risposta è いいえ.

④ ミラーさんは アメリカ人ですか。　　　Il sig. Miller è americano?
　……はい、アメリカ人です。　　　　　　……Sì, è americano.

⑤ ミラーさんは 先生ですか。　　　　　　Il sig. Miller è un insegnante?
　……いいえ、先生じゃ ありません。　　……No, non è un insegnante.

3) Frasi interrogative con pronomi interrogativi

Si sostituisce il contenuto che si vuole conoscere con un pronome interrogativo, e si aggiunge か in fondo alla frase. L'ordine delle parole non cambia.

⑥　あの 方は どなたですか。　　　　Chi è quella persona?
　　……[あの 方は] ミラーさんです。　……[Quella persona] è il sig. Miller.

4. N も

も si utilizza quando si verifica la stessa condizione di un'affermazione precedente.

⑦　ミラーさんは 会社員です。グプタさんも 会社員です。
　　Il sig. Miller è un impiegato. Anche il sig. Gupta è un impiegato.

5. N_1 の N_2

Quando un nome N_1 modifica un nome N_2 che lo segue, i due nomi vengono legati da の. Nella Lezione 1, N_1 indica l'azienda alla quale N_2 appartiene.

⑧　ミラーさんは IMC の 社員です。　Il sig. Miller è un impiegato della IMC.

6. ～さん

In giapponese さん viene aggiunto al nome o al cognome dell'interlocutore o di una terza persona. Poiché è un onorifico, non viene mai utilizzato dal parlante per indicare il proprio nome. Nel caso dei bambini al posto di さん si utilizza ちゃん in segno di familiarità.

⑨　あの 方は ミラーさんです。　　　Quella persona è il sig. Miller.

Quando ci si rivolge a qualcuno di cui si conosce il nome, raramente si utilizza あなた, ma è invece più frequente usare il nome o cognome di quella persona seguito da さん.

⑩　鈴木：　ミラーさんは 学生ですか。　Suzuki: Sig. Miller, lei è uno studente?
　　ミラー：　いいえ、会社員です。　　Miller: No, sono un impiegato.

[Nota] あなた si utilizza in contesti di estrema familiarità (marito e moglie, fidanzati, etc.). In tutti gli altri casi può suonare come maleducato, deve quindi essere utilizzato con cautela.

Lezione 2

I. Vocaboli

これ		questo (oggetto che si trova vicino al parlante)
それ		quello (oggetto che si trova vicino all'interlocutore)
あれ		quello (oggetto che si trova lontano sia dal parlante che dall'interlocutore)
この ～		questo ～
その ～*		quello ～
あの ～*		quello ～
ほん	本	libro
じしょ	辞書	dizionario
ざっし	雑誌	rivista
しんぶん	新聞	giornale, quotidiano
ノート		quaderno
てちょう	手帳	agenda
めいし	名刺	biglietto da visita
カード		scheda, tessera, carta
えんぴつ	鉛筆	matita
ボールペン		penna [a sfera]
シャープペンシル		portamine
かぎ		chiave
とけい	時計	orologio
かさ	傘	ombrello
かばん		borsa
CD		CD
テレビ		televisore
ラジオ		radio
カメラ		macchina fotografica
コンピューター		computer
くるま	車	automobile
つくえ	机	scrivania
いす		sedia

チョコレート		cioccolato
コーヒー		caffè
[お]みやげ	[お]土産	souvenir
えいご	英語	lingua inglese
にほんご	日本語	lingua giapponese
〜ご	〜語	lingua 〜
なん	何	cosa, che cosa
そう		così

〈練習C〉

あのう	Senta... (Interiezione per chiamare l'interlocutore quando si è indecisi o si ha esitazione)
えっ	Eh? (Interiezione di stupore per qualcosa)
どうぞ。	Prego. (Si usa per offrire qualcosa a qualcuno)
[どうも] ありがとう [ございます]。	Grazie [mille].
そうですか。	Ah, sì?/Davvero?
違います。	No, non è così.
あ	Ah. (Si dice quando ci si accorge di qualcosa)

〈会話〉

これから お世話に なります。	Mi affido alle sue cure. (Si usa quando si instaura un rapporto di fiducia con qualcuno)
こちらこそ [どうぞ] よろしく [お願いします]。	Piacere mio. (Risposta alla frase [どうぞ] よろしく [おねがいします]。)

II. Traduzione

Frasi modello
1. Questo è un dizionario.
2. Quello è il mio ombrello.
3. Questo libro è mio.

Frasi di esempio
1. Questa è una penna [a sfera]?
   ······Sì, è così.
2. Quello è un quaderno?
   ······No, [questa] è un'agenda.
3. Che cos'è quello?
   ······È un biglietto da visita.
4. Questo è un 9 o è un 7?
   ······È un 9.
5. Di cosa tratta quella rivista? (lett. Quella è una rivista di che cosa?)
   ······È una rivista di computer.
6. Di chi è quella borsa? (lett. Quella è la borsa di chi?)
   ······È la borsa della sig.na Sato.
7. Questo è suo, sig. Miller? (lett. Questo è del sig. Miller?)
   ······No, non è mio.
8. Di chi è questa chiave?
   ······È mia.

Conversazione

Mi affido alle sue cure

Ichiro Yamada:	Sì? Con chi ho il piacere di parlare? (lett. Chi è?)
Santos:	Sono Santos del 408.
	....
Santos:	Buonasera. Sono Santos.
	Mi affido alle sue cure.
	Piacere di conoscerla.
Ichiro Yamada:	Piacere mio.
Santos:	Guardi, questo è del caffè per lei. Prego.
Ichiro Yamada:	Grazie mille.

III. Parole e informazioni utili

名前 (なまえ)　Cognomi

Cognomi comuni tra i giapponesi

1	佐藤 (さとう)	2	鈴木 (すずき)	3	高橋 (たかはし)	4	田中 (たなか)
5	渡辺 (わたなべ)	6	伊藤 (いとう)	7	山本 (やまもと)	8	中村 (なかむら)
9	小林 (こばやし)	10	加藤 (かとう)	11	吉田 (よしだ)	12	山田 (やまだ)
13	佐々木 (ささき)	14	斎藤 (さいとう)	15	山口 (やまぐち)	16	松本 (まつもと)
17	井上 (いのうえ)	18	木村 (きむら)	19	林 (はやし)	20	清水 (しみず)

城岡啓二、村山忠重「日本の姓の全国順位データベース」より。2011年8月公開
Tratto da: Keiji Shirooka, Tadashige Murayama
"Database di classifica nazionale dei cognomi giapponesi", agosto 2011.

Saluto

初(はじ)めまして。

⇐ Quando due persone si incontrano per la prima volta in un contesto di lavoro, si scambiano i biglietti da visita.

どうぞ よろしく お願(ねが)いします。

Quando si trasloca, è buona educazione fare un saluto ai vicini portandogli un piccolo dono come ⇒ asciugamani, sapone, dolci.

IV. Note grammaticali

1. これ／それ／あれ

これ, それ, あれ sono pronomi dimostrativi che funzionano come nomi.
これ si riferisce a qualcosa vicino al parlante.
それ si riferisce a qualcosa vicino all'interlocutore.
あれ si riferisce a qualcosa lontano sia dal parlante che dall'interlocutore.

① それは 辞書ですか。　　　　　　Quello è un dizionario?
② これは だれの 傘ですか。
　　Di chi è quest'ombrello? (lett. Questo è l'ombrello di chi?)

2. この N／その N／あの N

Quando precedono dei nomi, これ, それ, あれ diventano この, その, あの.

③ この 本は わたしのです。　　　Questo libro è mio.
④ あの 方は どなたですか。　　　Quella persona chi è?

3. そうです

In una frase predicativa la parola そう è spesso utilizzata come risposta affermativa a una domanda alla quale si può rispondere sì o no, per esempio はい、そうです.

⑤ それは 辞書ですか。　　　　　　Quello è un dizionario?
　　……はい、そうです。　　　　　　……Sì, è così.

In caso di risposta negativa, そう è raramente utilizzato. Generalmente si preferisce utilizzare ちがいます (non è così / è diverso), seguito dalla risposta corretta.

⑥ それは ミラーさんのですか。　　Quello è del sig. Miller?
　　……いいえ、違います。　　　　　……No, non è così.
⑦ それは シャープペンシルですか。　Quello è un portamine?
　　……いいえ、ボールペンです。　　……No, è una penna a sfera.

4. ～か、～か

Con questa frase interrogativa si chiede all'ascoltatore di scegliere tra le due risposte possibili quella corretta. In questo caso generalmente si risponde semplicemente con la risposta scelta, senza aggiungere はい o いいえ.

⑧　これは「9」ですか、「7」ですか。　　Questo è un 9 o è un 7?
　　……「9」です。　　　　　　　　　　……È un 9.

5. N_1 の N_2

Come già visto nella Lezione 1, quando a un N_1 si appoggia un N_2 questi vengono collegati con の. In questa Lezione vediamo altri usi del の.

1) N_1 spiega di quale argomento tratta N_2.

⑨　これは コンピューターの 本です。　　Questo è un libro sui computer.

2) N_1 indica a chi appartiene N_2.

⑩　これは わたしの 本です。　　Questo è il mio libro.

6. の per sostituire un nome

Questo の può essere utilizzato al posto di un nome già comparso in precedenza (come かばん nell'esempio ⑪). Se posto dopo un nome (come さとうさん in ⑪), nella forma N_1 の N_2 (さとうさんの かばん) permette quindi di omettere N_2 (かばん). Questo の viene utilizzato per sostituire nomi di cose, ma mai per persone.

⑪　あれは だれの かばんですか。　　Di chi è quella borsa?
　　……佐藤さんのです。　　　　　　　……È del sig. Sato.
⑫　この かばんは あなたのですか。　　Questa borsa è tua?
　　……いいえ、わたしのじゃ ありません。　　……No, non è la mia.
⑬　ミラーさんは IMCの 社員ですか。　　Il sig. Miller è un impiegato della IMC?
　　……はい、IMCの 社員です。　　　　……Sì, è un impiegato della IMC.
　　×　はい、IMCのです。

7. お～

Se preposto ad alcuni nomi お esprime cortesia (es. [お]みやげ, [お]さけ).

8. そうですか

Questa espressione viene utilizzata quando si riceve una nuova informazione, per far capire che la abbiamo recepita. Viene pronunciata con una caduta di intonazione.

⑭　この 傘は あなたのですか。　　Questo ombrello è tuo?
　　……いいえ、違います。シュミットさんのです。　　……No, non è il mio. È del sig. Schmidt.
　　そうですか。　　　　　　　　　　Ah, ho capito.

Lezione 3

I. Vocaboli

ここ		qui
そこ		lì
あそこ		laggiù
どこ		dove
こちら		qui, da questa parte（forma cortese di ここ）
そちら		lì, da quella parte（forma cortese di そこ）
あちら		laggiù, da quella parte（forma cortese di あそこ）
どちら		dove, da che parte（forma cortese di どこ）
きょうしつ	教室	aula
しょくどう	食堂	mensa, sala da pranzo
じむしょ	事務所	ufficio
かいぎしつ	会議室	sala riunioni
うけつけ	受付	reception, accettazione
ロビー		hall, atrio
へや	部屋	stanza, camera
トイレ（おてあらい）	（お手洗い）	toilet, gabinetto
かいだん	階段	scala
エレベーター		ascensore
エスカレーター		scala mobile
じどうはんばいき	自動販売機	distributore automatico
でんわ	電話	telefono
［お］くに	［お］国	paese, stato
かいしゃ	会社	azienda, ditta
うち		casa
くつ	靴	scarpe
ネクタイ		cravatta
ワイン		vino

うりば	売り場	reparto (di un negozio)
ちか	地下	interrato, sotterraneo
ーかい（ーがい）	一階	－ piano
なんがい*	何階	quale piano
ーえん	一円	－ yen
いくら		quanto costa
ひゃく	百	cento
せん	千	mille
まん	万	diecimila

⟨練習 C⟩
すみません。	Scusi.
どうも。	Grazie.

⟨会話⟩
いらっしゃいませ。	Benvenuto. (Saluto rivolto ai clienti di un negozio)
[〜を] 見せて ください。	Mi faccia vedere [〜].
じゃ	allora
[〜を] ください。	Mi dia [〜].

イタリア	Italia
スイス	Svizzera
フランス	Francia
ジャカルタ	Giacarta
バンコク	Bangkok
ベルリン	Berlino
新大阪	nome di una stazione di Osaka

II. Traduzione

Frasi modello
1. Questa qui è la mensa.
2. L'ascensore è laggiù.

Frasi di esempio
1. Qui è Shin-Osaka?
   ……Sì, è così.
2. Dov'è il bagno?
   ……È laggiù.
3. Dov'è il sig. Yamada?
   ……È in sala riunioni.
4. Dov'è l'ufficio?
   ……È laggiù.
5. Qual è il Suo paese (d'origine)?
   ……Sono gli Stati Uniti d'America.
6. Dove sono state fatte queste scarpe?
   ……Sono scarpe italiane.
7. Quanto costa quest'orologio?
   ……Costa 18.600 yen.

Conversazione

Mi dia questo

Commessa A:	Buongiorno. (lett. Benvenuta.)
Maria:	Scusi, dov'è il reparto vini?
Commessa A:	È al primo piano sotterraneo.
Maria:	Grazie.

………………………………………………………

Maria:	Scusi, mi faccia vedere quel vino.
Commessa B:	Sì, prego.
Maria:	Di dov'è questo vino? (lett. Questo è un vino di dove?)
Commessa B:	È giapponese.
Maria:	Quanto costa?
Commessa B:	Costa 2.500 yen.
Maria:	Allora, mi dia questo per favore.

III. Parole e informazioni utili

デパート　　Ai grandi magazzini

屋上(おくじょう)	遊園地(ゆうえんち) luna-park, parco dei divertimenti	
8階(かい)	レストラン・催(もよお)し物(もの)会場(かいじょう) ristoranti, spazio eventi	
7階(かい)	時計(とけい)・眼鏡(めがね) orologi, occhiali	
6階(かい)	スポーツ用品(ようひん)・旅行用品(りょこうようひん) articoli sportivi, articoli da viaggio	
5階(かい)	子(こ)ども服(ふく)・おもちゃ・本(ほん)・文房具(ぶんぼうぐ) abbigliamento bambino, giocattoli, libri, articoli di cancelleria	
4階(かい)	家具(かぐ)・食器(しょっき)・電化製品(でんかせいひん) mobili, articoli per la tavola, elettrodomestici	
3階(がい)	紳士服(しんしふく) abbigliamento uomo	
2階(かい)	婦人服(ふじんふく) abbigliamento donna	
1階(かい)	靴(くつ)・かばん・アクセサリー・化粧品(けしょうひん) scarpe, borse, accessori, cosmetici	
地下(ちか)1階(かい)	食品(しょくひん) alimentari	
地下(ちか)2階(かい)	駐車場(ちゅうしゃじょう) parcheggio	

IV. Note grammaticali

1. ここ／そこ／あそこ／こちら／そちら／あちら

ここ，そこ，あそこ indicano il luogo. ここ indica il luogo in cui si trova chi parla, そこ chi ascolta, e あそこ un luogo lontano da entrambi.

こちら，そちら，あちら indicano la direzione, ma nel caso in cui si indichi qualche posto che abbiamo davanti agli occhi possono sostituire anche ここ，そこ，あそこ. In questo caso esprimono maggiore cortesia.

[Nota] Quando chi parla e chi ascolta condividono lo stesso spazio, ここ indica lo spazio di entrambi, そこ un punto lontano da entrambi, e あそこ un luogo ancora più lontano.

2. N は luogo です

Usando questa forma potete dire dove si trovano una cosa, un posto, una persona.

① お手洗いは あそこです。　　　Il bagno è laggiù.
② 電話は 2階です。　　　　　　Il telefono è al primo piano.
③ 山田さんは 事務所です。　　　Il sig. Yamada è nel suo ufficio.

3. どこ／どちら

Il pronome interrogativo どこ si usa per chiedere "dove?", mentre どちら si usa per chiedere "in che direzione?". È anche possibile utilizzare どちら per chiedere "dove?", e in questo caso suona più educato di どこ.

④ お手洗いは どこですか。　　　Dov'è il bagno?
　……あそこです。　　　　　　……È laggiù.
⑤ エレベーターは どちらですか。　Da che parte è l'ascensore?
　……あちらです。　　　　　　……È da quella parte.

どこ e どちら vengono anche utilizzati per chiedere il nome del paese, della ditta, della scuola, etc. a cui qualcuno appartiene. In questo caso non si usa なん. Anche in questo caso どちら suona più educato di どこ.

⑥ 学校は どこですか。　　　　　　　Quale scuola frequenti?
⑦ 会社は どちらですか。　　　　　　In che azienda lavora?

4. $\boxed{N_1 \text{ の } N_2}$

Quando N_1 è il nome di un paese e N_2 è il nome di un prodotto, significa che N_2 è prodotto nel paese N_1. Quando N_1 è il nome di un'azienda e N_2 è il nome di un prodotto, significa che N_2 è un prodotto dell'azienda N_1. Il pronome interrogativo どこ si usa per chiedere in quale paese e da quale azienda un certo prodotto è realizzato.

⑧ これは どこの コンピューターですか。
　……日本の コンピューターです。
　……パワー電気の コンピューターです。

　Dove viene fabbricato questo computer?/Di che marca è questo computer?
　……È un computer fabbricato in Giappone.
　……È un computer della Power Denki.

5. Tabella dei dimostrativi こ／そ／あ／ど

	base こ	base そ	base あ	base ど
Cose	これ	それ	あれ	どれ (L.16)
Cose/Persone	この N	その N	あの N	どの N (L.16)
Luoghi	ここ	そこ	あそこ	どこ
Direzione/Luoghi (cortese)	こちら	そちら	あちら	どちら

6. $\boxed{\text{お〜}}$

Il prefisso お viene aggiunto a cose relative all'interlocutore o a una terza persona per esprimere rispetto da parte del parlante.

⑨ [お]国は どちらですか。　　　　　Qual'è il Suo paese (d'origine)?

Lezione 4

I. Vocaboli

おきます	起きます	svegliarsi, alzarsi
ねます	寝ます	dormire, coricarsi
はたらきます	働きます	lavorare
やすみます	休みます	riposare, fare vacanza
べんきょうします	勉強します	studiare
おわります	終わります	finire
デパート		grande magazzino
ぎんこう	銀行	banca
ゆうびんきょく	郵便局	ufficio postale
としょかん	図書館	biblioteca
びじゅつかん	美術館	museo d'arte
いま	今	adesso
−じ	−時	− ore
−ふん（−ぷん）	−分	− minuti
はん	半	mezzo
なんじ	何時	che ora
なんぷん*	何分	quanti minuti
ごぜん	午前	mattina, a.m.
ごご	午後	pomeriggio, p.m.
あさ	朝	mattina
ひる	昼	giorno, primo pomeriggio（dopo mezzogiorno）
ばん（よる）	晩（夜）	sera, notte
おととい		l'altro ieri
きのう		ieri
きょう		oggi
あした		domani
あさって		dopodomani
けさ		stamattina
こんばん	今晩	stasera
やすみ	休み	riposo, ferie, giorno di riposo
ひるやすみ	昼休み	pausa pranzo

しけん	試験	esame
かいぎ	会議	riunione（〜を します：fare una riunione）
えいが	映画	film
まいあさ	毎朝	ogni mattina
まいばん	毎晩	ogni sera
まいにち	毎日	ogni giorno
げつようび	月曜日	lunedì
かようび	火曜日	martedì
すいようび	水曜日	mercoledì
もくようび	木曜日	giovedì
きんようび	金曜日	venerdì
どようび	土曜日	sabato
にちようび	日曜日	domenica
なんようび	何曜日	quale giorno（della settimana）
〜から		da 〜
〜まで		fino a 〜
〜と 〜		〜 e 〜（congiunzione per unire due o più sostantivi）

〈練習C〉
大変ですね。 È dura eh.（Si usa per esprimere comprensione per qualcuno）

〈会話〉
番号 numero
何番 che numero
そちら Voi/Lei（forma cortese di tu）

....

ニューヨーク	New York
ペキン	Pechino（北京）
ロサンゼルス	Los Angeles
ロンドン	Londra

あすか	nome di un ristorante（nome fittizio）
アップル銀行	nome di una banca（nome fittizio）
みどり図書館	nome di una biblioteca（nome fittizio）
やまと美術館	nome di un museo（nome fittizio）

II. Traduzione

Frasi modello
1. Adesso sono le 4:05.
2. Ogni mattina mi alzo alle 6:00.
3. Ieri ho studiato.

Frasi di esempio
1. [Adesso] che ore sono?
   ······Sono le 2:10.
   A New York [adesso] che ore sono?
   ······Sono mezzanotte e dieci.
2. Quando è il giorno di riposo [settimanale]?
   ······Sono il sabato e la domenica.
3. La Banca Apple [è aperta] da che ora a che ora?
   ······[È aperta] dalle 9:00 alle 3:00.
4. A che ora vai a letto tutte le sere?
   ······Vado a letto alle 11:00.
5. Ogni giorno da che ora a che ora studi?
   ······Studio dalle 9:00 di mattina fino alle 3:00 di pomeriggio.
6. Il sabato lavori?
   ······No, non lavoro.
7. Ieri hai studiato?
   ······No, non ho studiato.

Conversazione

Fino a che ora siete aperti?

Miller:	Scusi, qual è il numero di telefono dell'Asuka?
Sato:	L'Asuka? È 5275-2725.
Miller:	Grazie mille.
	···
Personale dell'Asuka:	Sì? [Qui] è l'Asuka.
Miller:	Scusi, fino a che ora siete aperti?
Personale dell'Asuka:	Siamo aperti fino alle 10:00.
Miller:	Quale giorno della settimana siete chiusi?
Personale dell'Asuka:	La domenica.
Miller:	Ah, sì? Grazie.

III. Parole e informazioni utili

電話・手紙 (でんわ・てがみ) Telefono e lettere

Come utilizzare il telefono pubblico

① Alzare la cornetta.
② Inserire le monete o la scheda telefonica.
③ Comporre il numero.*
④ Riattaccare.
⑤ Ritirare la scheda o il resto.

I telefoni pubblici accettano solo monete da 10 o 100 yen, e schede telefoniche.
Se inserite una moneta da 100, non vi sarà dato resto.
* Se il telefono ha un pulsante start, premetelo dopo il passaggio ③.

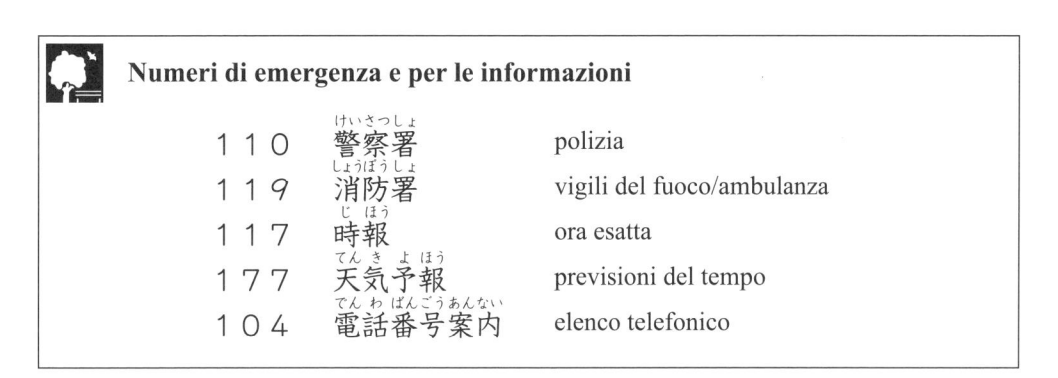

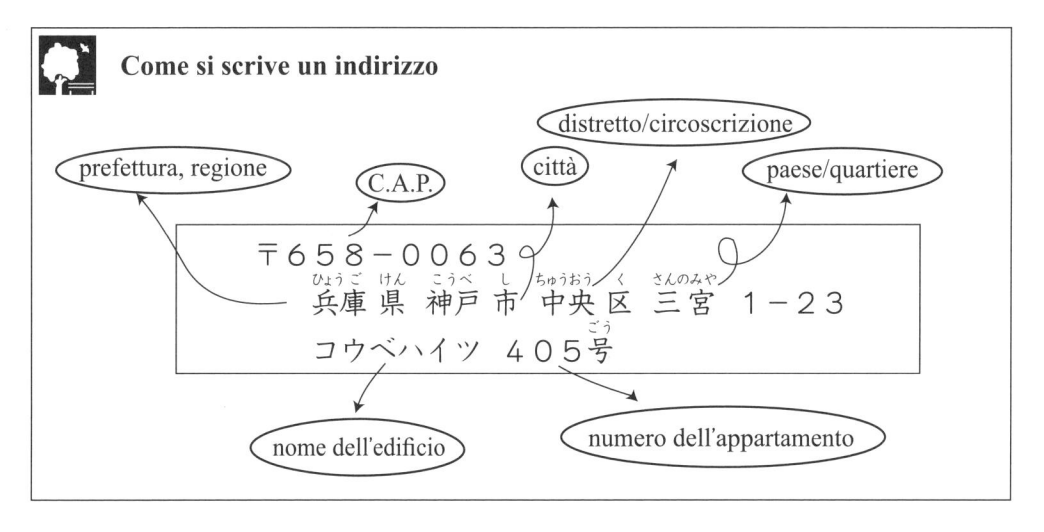

Numeri di emergenza e per le informazioni

110	警察署 (けいさつしょ)	polizia
119	消防署 (しょうぼうしょ)	vigili del fuoco/ambulanza
117	時報 (じほう)	ora esatta
177	天気予報 (てんきよほう)	previsioni del tempo
104	電話番号案内 (でんわばんごうあんない)	elenco telefonico

Come si scrive un indirizzo

〒658-0063
兵庫県 神戸市 中央区 三宮 1-23
(ひょうご けん) (こうべ し) (ちゅうおう く) (さんのみや)
コウベハイツ 405号 (ごう)

- prefettura, regione
- C.A.P.
- città
- distretto/circoscrizione
- paese/quartiere
- nome dell'edificio
- numero dell'appartamento

IV. Note grammaticali

1. 今 ー時ー分です

Per dire l'ora, si utilizzano gli ausiliari 時 (ore) e 分 (minuti) dopo i numeri. La lettura di 分 è ふん se preceduto da 2, 5, 7, 9. Si legge invece ぷん se preceduto da 1, 3, 4, 6, 8 e 10. I numeri 1, 6, 8 e 10, che precedono ぷん si leggono nell'ordine いっ, ろっ, はっ, じゅっ（じっ）(vedi Appendici). Quando si chiede l'ora basta mettere なん davanti a じ e ぷん.

① 今 何時ですか。 Che ore sono?
　……7時10分です。 ……Sono le 7:10.

2. Vます／Vません／Vました／Vませんでした

1) Vます ha funzione di predicato. Utilizzare ます inoltre esprime un atteggiamento di rispetto del parlante nei confronti dell'interlocutore.

② わたしは 毎日 勉強します。 Io studio ogni giorno.

2) Vます viene utilizzato quando la frase esprime un'azione abituale o una realtà, o ancora per esprimere un'azione o un avvenimento nel futuro. Nel caso di forma negativa e passata, si modifica come segue.

	Non-passato (presente/futuro)	Passato
Affermativo	おきます	おきました
Negativo	おきません	おきませんでした

③ 毎朝 6時に 起きます。 Ogni mattina mi alzo alle 6.
④ あした 6時に 起きます。 Domani mi alzerò alle 6.
⑤ けさ 6時に 起きました。 Stamattina mi sono alzato alle 6.

3) La frase interrogativa con verbo si forma aggiungendo か in fondo alla frase, senza cambiare l'ordine delle parole. Quando si usa un pronome interrogativo, questo viene inserito nel punto della frase in cui si colloca il contenuto che si vuole conoscere. Nella risposta a questo tipo di frase, il verbo della domanda viene ripetuto. Nel caso della frase interrogativa con verbo, non è possibile rispondere con そうです o ちがいます (vedi Lezione 2).

⑥ きのう 勉強しましたか。 Hai studiato ieri?
　……はい、勉強しました。 ……Sì, ho studiato.
　……いいえ、勉強しませんでした。 ……No, non ho studiato.
⑦ 毎朝 何時に 起きますか。 A che ora ti alzi ogni mattina?
　……6時に 起きます。 ……Mi alzo alle 6.

3. N（tempo）に V

La particella に viene posposta a un nome indicante tempo per esprimere il tempo in cui un'azione si svolge.

⑧ 6時半に 起きます。 Mi alzo alle 6 e mezzo.

⑨ 7月2日に 日本へ 来ました。　　Sono venuto in Giappone il 2 luglio. (L.5)

[Nota 1] に non viene usato insieme ai seguenti nomi di tempo:
きょう, あした, あさって, きのう, おととい, けさ, こんばん, いま, まいあさ, まいばん, まいにち, せんしゅう (L.5), こんしゅう (L.5), らいしゅう (L.5), いつ (L.5), せんげつ (L.5), こんげつ (L.5), らいげつ (L.5), ことし (L.5), らいねん (L.5), きょねん (L.5), etc.

⑩ きのう 勉強しました。　　Ieri ho studiato.

[Nota 2] L'uso di に è facoltativo con i seguenti nomi:
～ようび, あさ, ひる, ばん, よる

⑪ 日曜日[に] 奈良へ 行きます。　　Domenica andrò a Nara. (L.5)

4. N_1 から N_2 まで

1) から indica il punto di partenza o il momento di inizio, まで il punto o l'ora di arrivo.

⑫ 9時から 5時まで 勉強します。　　Studio dalle 9 fino alle 5.
⑬ 大阪から 東京まで 3時間 かかります。
　　Da Osaka a Tokyo ci vogliono 3 ore. (L.11)

2) È possibile utilizzare から e まで separatamente, e non obbligatoriamente insieme.

⑭ 9時から 働きます。　　Lavoro dalle 9.

3) Per indicare l'inizio o la fine di un nome introdotto come tema del discorso, ～から, ～まで, o ～から ～まで possono essere utilizzati seguiti da です.

⑮ 銀行は 9時から 3時までです。　　La banca è [aperta] dalle 9 alle 3.
⑯ 昼休みは 12時からです。　　La pausa pranzo è dalle 12.

5. N_1 と N_2

La particella と connette due nomi in relazione coordinata.

⑰ 銀行の 休みは 土曜日と 日曜日です。
　　Il [giorno di] riposo della banca è il sabato e la domenica.

6. ～ね

La particella ね è aggiunta alla fine di una frase e serve per richiedere il consenso dell'interlocutore, per assicurarsi di essere stati compresi o per enfatizzare qualcosa.

⑱ 毎日 10時まで 勉強します。　　Tutti i giorni studio fino alle 10.
　……大変ですね。　　……È dura, vero?
⑲ 山田さんの 電話番号は 871の 6813です。
　　Il numero di telefono del sig. Yamada è 871-6813.
　……871の 6813ですね。　　……871-6813, giusto?

Lezione 5

I. Vocaboli

いきます	行きます	andare
きます	来ます	venire
かえります	帰ります	tornare a casa (o al lavoro)
がっこう	学校	scuola
スーパー		supermercato
えき	駅	stazione
ひこうき	飛行機	aereo
ふね	船	nave
でんしゃ	電車	treno
ちかてつ	地下鉄	metropolitana
しんかんせん	新幹線	Shinkansen (treno ad alta velocità giapponese)
バス		autobus
タクシー		taxi
じてんしゃ	自転車	bicicletta
あるいて	歩いて	a piedi
ひと	人	persona
ともだち	友達	amico/a
かれ*	彼	lui, fidanzato
かのじょ	彼女	lei, fidanzata
かぞく	家族	famiglia
ひとりで	一人で	da solo
せんしゅう	先週	la settimana scorsa
こんしゅう	今週	questa settimana
らいしゅう	来週	la prossima settimana
せんげつ	先月	il mese scorso
こんげつ*	今月	questo mese
らいげつ	来月	il prossimo mese
きょねん	去年	l'anno scorso
ことし*		quest'anno
らいねん	来年	l'anno prossimo
ーねん*	一年	(l'anno)
なんねん*	何年	che anno

－がつ	－月	(il mese)
なんがつ*	何月	che mese
ついたち	1日	il primo giorno del mese
ふつか*	2日	il due (del mese), due giorni
みっか	3日	il tre (del mese), tre giorni
よっか*	4日	il quattro (del mese), quattro giorni
いつか*	5日	il cinque (del mese), cinque giorni
むいか	6日	il sei (del mese), sei giorni
なのか*	7日	il sette (del mese), sette giorni
ようか*	8日	l'otto (del mese), otto giorni
ここのか	9日	il nove (del mese), nove giorni
とおか	10日	il dieci (del mese), dieci giorni
じゅうよっか	14日	il quattordici (del mese), quattordici giorni
はつか*	20日	il venti (del mese), venti giorni
にじゅうよっか*	24日	il ventiquattro (del mese), ventiquattro giorni
－にち	－日	－ giorno del mese, － giorni
なんにち*	何日	quale giorno del mese, quanti giorni
いつ		quando
たんじょうび	誕生日	compleanno

〈練習C〉

そうですね。	Eh sì.

〈会話〉

[どうも] ありがとう ございました。	Grazie [mille].
どう いたしまして。	Prego.
－番線	－ binario
次の	prossimo
普通	treno locale
急行*	treno espresso
特急*	treno ad alta velocità

....

甲子園	nome di città vicina a Osaka
大阪城	famoso castello di Osaka

II. Traduzione

Frasi modello
1. Vado a Kyoto.
2. Torno a casa in taxi.
3. Sono venuto in Giappone con la mia famiglia.

Frasi di esempio
1. Dove vai domani?
    ······Vado a Nara.
2. Dove sei andato domenica?
    ······Non sono andato da nessuna parte.
3. Con che cosa andrai a Tokyo?
    ······Ci andrò con lo Shinkansen.
4. Con chi andrai a Tokyo?
    ······Ci andrò con il sig. Yamada.
5. Quando sei venuto in Giappone?
    ······Sono venuto il 25 marzo.
6. Quando è il [tuo] compleanno?
    ······È il 13 giugno.

Conversazione

Questo treno va a Koshien?

Santos:	Mi scusi. Quanto costa [il biglietto] per Koshien?
Signora:	Sono 350 yen.
Santos:	Ah, 350 yen? Grazie mille.
Signora:	Prego.
	···
Santos:	Scusi, il treno per Koshien a quale binario è?
Addetto della stazione:	Binario 5.
Santos:	Grazie.
	···
Santos:	Scusi, questo treno va a Koshien?
Signore:	No, ci va il prossimo treno locale.
Santos:	Ah, ho capito. Grazie.

III. Parole e informazioni utili

<ruby>祝祭日<rt>しゅくさいじつ</rt></ruby>　Festività nazionali

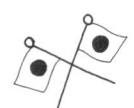

1月1日 <small>(がつついたち)</small>	元日 <small>(がんじつ)</small>	Capodanno
1月第2月曜日** <small>(がつだい げつようび)</small>	成人の日 <small>(せいじん ひ)</small>	Festa della Maggiore età
2月11日 <small>(がつ にち)</small>	建国記念の日 <small>(けんこくきねん ひ)</small>	Fondazione dello Stato
2月23日 <small>(がつ にち)</small>	天皇誕生日 <small>(てんのうたんじょうび)</small>	Compleanno dell' (attuale) Imperatore
3月20日* <small>(がつ はつか)</small>	春分の日 <small>(しゅんぶん ひ)</small>	Equinozio di Primavera
4月29日 <small>(がつ にち)</small>	昭和の日 <small>(しょうわ ひ)</small>	Compleanno dell'Imperatore Showa
5月3日 <small>(がつみっか)</small>	憲法記念日 <small>(けんぽうきねんび)</small>	Anniversario della Costituzione
5月4日 <small>(がつ か)</small>	みどりの日 <small>(ひ)</small>	Festa della Natura
5月5日 <small>(がついつか)</small>	こどもの日 <small>(ひ)</small>	Festa dei Bambini
7月第3月曜日*** <small>(がつだい げつようび)</small>	海の日 <small>(うみ ひ)</small>	Festa del Mare
8月11日 <small>(がつ にち)</small>	山の日 <small>(やま ひ)</small>	Festa della Montagna
9月第3月曜日*** <small>(がつだい げつようび)</small>	敬老の日 <small>(けいろう ひ)</small>	Festa degli Anziani
9月23日* <small>(がつ にち)</small>	秋分の日 <small>(しゅうぶん ひ)</small>	Equinozio d'Autunno
10月第2月曜日** <small>(がつだい げつようび)</small>	スポーツの日 <small>(ひ)</small>	Festa dello Sport
11月3日 <small>(がつみっか)</small>	文化の日 <small>(ぶんか ひ)</small>	Festa della Cultura
11月23日 <small>(がつ にち)</small>	勤労感謝の日 <small>(きんろうかんしゃ ひ)</small>	Giorno del Ringraziamento per il Lavoro

* Varia di anno in anno.
** Il secondo lunedì del mese
*** Il terzo lunedì del mese

Se una festa nazionale cade di domenica, il lunedì successivo diventa festivo. Dal 29 aprile al 5 maggio vi è una serie di festività, chiamate complessivamente ゴールデンウィーク (Golden week). Alcune compagnie danno un'intera settimana di vacanza ai loro dipendenti.

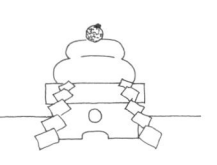

IV. Note grammaticali

1. N(luogo)へ 行きます／来ます／帰ります

Quando un verbo indica movimento, la particella へ è posta dopo il nome del luogo verso cui ci si dirige.

① 京都へ 行きます。　　　　Vado a Kyoto.
② 日本へ 来ました。　　　　Sono venuto in Giappone.
③ うちへ 帰ります。　　　　Torno a casa.

[Nota] la particella へ si pronuncia え.

2. どこ[へ]も 行きません／行きませんでした

Quando vogliamo negare ogni possibilità coperta da un pronome interrogativo, aggiungiamo la particella も a quel pronome, e mettiamo il verbo in forma negativa.

④ どこ[へ]も 行きません。　　Non vado da nessuna parte.
⑤ 何も 食べません。　　　　Non mangio niente. (L.6)
⑥ だれも 来ませんでした。　Non è venuto nessuno.

3. N(mezzo di trasporto)で 行きます／来ます／帰ります

La particella で indica il modo o la maniera in cui si effettua un'azione. In questa Lezione viene suffissa al nome di un mezzo di trasporto e associata a un verbo di movimento per indicare il modo in cui ci si sposta.

⑦ 電車で 行きます。　　　　Vado in treno.
⑧ タクシーで 来ました。　　Sono venuto in taxi.

Quando ci si muove a piedi, si usa あるいて senza aggiungere la particella で.

⑨ 駅から 歩いて 帰りました。　Sono tornato a piedi dalla stazione.

4. N(persone/animali)と V

Nelle azioni che si compiono insieme a una persona (o animale) si utilizza la particella と.

⑩ 家族と 日本へ 来ました。　Sono venuto in Giappone con la mia famiglia.

Quando un'azione è svolta da solo, si usa ひとりで. In questo caso non si usa la particella と.

⑪ 一人で 東京へ 行きます。　Vado a Tokyo da solo.

5. いつ

Quando si chiede il tempo, oltre ai pronomi interrogativi che utilizzano なん come なんじ, なんようび, なんがつなんにち, è possibile usare いつ. A いつ non si aggiunge に.

⑫ いつ 日本へ 来ましたか。 Quando sei venuto in Giappone?
  ……3月25日に 来ました。 ……Sono venuto il 25 marzo.

⑬ いつ 広島へ 行きますか。 Quando vai a Hiroshima?
  ……来週 行きます。 ……Vado la prossima settimana.

6. ～よ

La particella よ è posta alla fine della frase, quando si comunica all'interlocutore un fatto, oppure un'opinione del parlante che l'ascoltatore non conosce.

⑭ この 電車は 甲子園へ 行きますか。
  ……いいえ、行きません。次の「普通」ですよ。

  Questo treno va a Koshien?
  ……No, non ci va. È il prossimo [treno] locale [che ci va].

⑮ 北海道に 馬が たくさん いますよ。
  Ci sono molti cavalli in Hokkaido, lo sapevi? (L.18)

⑯ マリアさん、この アイスクリーム、おいしいですよ。
  Maria, questo gelato è buono, sai? (L.19)

7. そうですね

そうですね è usato per esprimere comprensione o condivisione con quanto l'interlocutore ha appena detto. È simile all'espressione そうですか (vedi Lezione 2-8), ma mentre そうですか indica che si è stati convinti da una nuova informazione che non conoscevamo, そうですね indica che già da prima avevamo la stessa opinione del nostro interlocutore, e che la condividiamo.

⑰ あしたは 日曜日ですね。 Domani è domenica eh.
  ……あ、そうですね。 ……Eh sì.

Lezione 6

I. Vocaboli

たべます	食べます	mangiare
のみます	飲みます	bere
すいます [たばこを〜]	吸います	fumare [una sigaretta]
みます	見ます	vedere, guardare
ききます	聞きます	sentire, ascoltare
よみます	読みます	leggere
かきます	書きます	scrivere (かきます ha anche il significato di disegnare o dipingere, ma in questo caso, nel presente volume, viene scritto in hiragana)
かいます	買います	comprare
とります [しゃしんを〜]	撮ります [写真を〜]	fare [una foto]
します		fare
あいます [ともだちに〜]	会います [友達に〜]	incontrare [un amico]
ごはん		pasto, riso bollito
あさごはん*	朝ごはん	colazione
ひるごはん	昼ごはん	pranzo
ばんごはん*	晩ごはん	cena
パン		pane
たまご	卵	uovo
にく	肉	carne
さかな	魚	pesce
やさい	野菜	verdura
くだもの	果物	frutta
みず	水	acqua
おちゃ	お茶	tè giapponese
こうちゃ	紅茶	tè nero (occidentale)
ぎゅうにゅう (ミルク)	牛乳	latte
ジュース		succo di frutta
ビール		birra
[お]さけ	[お]酒	alcolico, sake
たばこ		sigarette

てがみ	手紙	lettera
レポート		report, relazione scritta
しゃしん	写真	fotografia
ビデオ		videocassetta, videoregistratore
みせ	店	negozio
にわ	庭	giardino
しゅくだい	宿題	compito per casa（〜を します：fare i compiti）
テニス		tennis（〜を します：giocare a tennis）
サッカー		calcio（〜を します：giocare a calcio）
[お]はなみ	[お]花見	guardare i fiori di ciliegio（〜を します：fare hanami）
なに	何	cosa, che cosa
いっしょに		insieme
ちょっと		un po'
いつも		sempre, di solito
ときどき	時々	qualche volta, a volte
それから		e poi, dopo di che
ええ		sì
いいですね。		Che bello.
わかりました。		Ho capito.

〈会話〉

何ですか。	Sì?/Cosa desidera?
じゃ、また［あした］。	Allora, ci vediamo [a domani]!

メキシコ	Messico
大阪デパート	nome di un grande magazzino（nome fittizio）
つるや	nome di un ristorante（nome fittizio）
フランス屋	nome di un supermercato（nome fittizio）
毎日屋	nome di un supermercato（nome fittizio）

II. Traduzione

Frasi modello
1. Leggo un libro.
2. Compro un giornale alla stazione.
3. Perché non andiamo insieme a Kobe?
4. Riposiamo un attimo.

Frasi di esempio
1. Bevi [alcolici]?
   ……No, non [li] bevo.
2. Cosa mangi ogni mattina?
   ……Mangio pane e uova.
3. Cosa hai mangiato stamattina?
   ……Non ho mangiato niente.
4. Cosa hai fatto sabato?
   ……Ho studiato il giapponese, e poi ho guardato un film con degli amici.
5. Dove hai comprato quella borsa?
   ……L'ho comprata in Messico.
6. Perché non giochiamo a tennis domani?
   ……Sì, che bella idea.
7. Ci incontriamo domani alle 10:00 alla stazione.
   ……D'accordo.

Conversazione

Perchè non andiamo insieme?

Sato: Sig. Miller!
Miller: Cosa c'è?
Sato: Domani faccio hanami con degli amici.
         Perché non viene anche lei?
Miller: Che bella idea. Dove andiamo?
Sato: Al Castello di Osaka.
Miller: A che ora andiamo?
Sato: Ci incontriamo alla stazione di Osaka alle 10:00.
Miller: D'accordo.
Sato: Allora, a domani.

III. Parole e informazioni utili

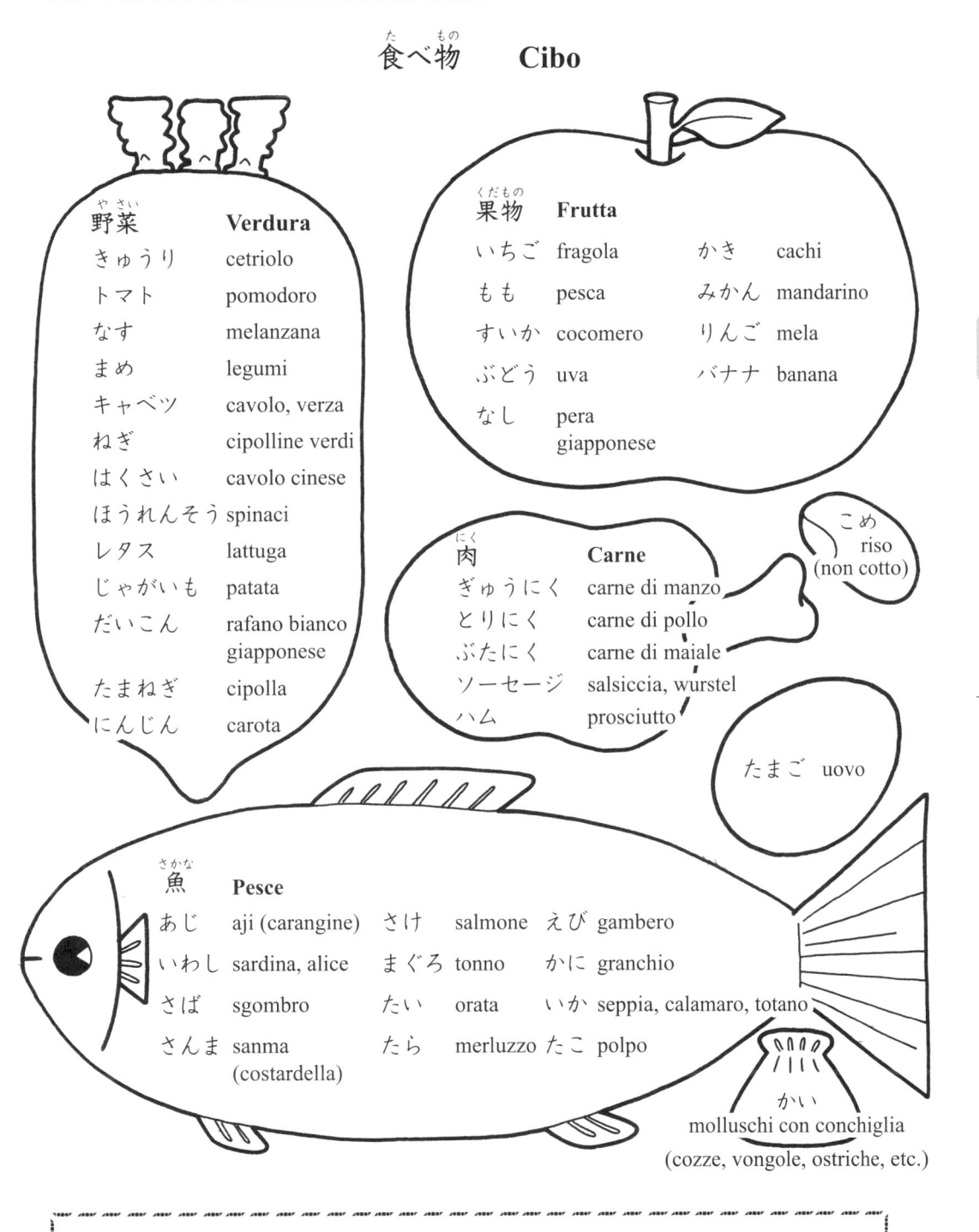

食べ物 (たべもの) Cibo

野菜 (やさい) Verdura

きゅうり	cetriolo
トマト	pomodoro
なす	melanzana
まめ	legumi
キャベツ	cavolo, verza
ねぎ	cipolline verdi
はくさい	cavolo cinese
ほうれんそう	spinaci
レタス	lattuga
じゃがいも	patata
だいこん	rafano bianco giapponese
たまねぎ	cipolla
にんじん	carota

果物 (くだもの) Frutta

いちご	fragola	かき	cachi
もも	pesca	みかん	mandarino
すいか	cocomero	りんご	mela
ぶどう	uva	バナナ	banana
なし	pera giapponese		

肉 (にく) Carne

ぎゅうにく	carne di manzo
とりにく	carne di pollo
ぶたにく	carne di maiale
ソーセージ	salsiccia, wurstel
ハム	prosciutto

こめ riso (non cotto)

たまご uovo

魚 (さかな) Pesce

あじ	aji (carangine)	さけ	salmone	えび	gambero
いわし	sardina, alice	まぐろ	tonno	かに	granchio
さば	sgombro	たい	orata	いか	seppia, calamaro, totano
さんま	sanma (costardella)	たら	merluzzo	たこ	polpo

かい molluschi con conchiglia (cozze, vongole, ostriche, etc.)

Il Giappone dipende dall'importazione estera per più di metà del suo fabbisogno alimentare. Le percentuali di cibo prodotto internamente sono le seguenti: cereali 59%, verdura 81%, frutta 38%, carne 56%, prodotti ittici 60% (2010, dati del Ministero dell'Agricoltura, Silvicoltura e Pesca). La percentuale di riso prodotto internamente è del 100%.

IV. Note grammaticali

1. ｜ N を V(transitivo) ｜

L'oggetto sul quale ricade l'azione del verbo transitivo viene indicato con を.

① ジュースを 飲みます。　　　Bevo il succo di frutta.

[Nota] Lo hiragana を è utilizzato solo per indicare questa particella.

2. ｜ N を します ｜

Moltissimi nomi sono usati come oggetto del verbo します, che indica che l'azione descritta dall'oggetto viene svolta. Vediamo qualche esempio.

1) Fare sport o giochi

　　　サッカーを します　giocare a calcio　　トランプを します　giocare a carte

2) Raduni ed eventi

　　　パーティーを します　fare una festa　　会議を します　tenere una riunione

3) Altro

　　　宿題を します　fare i compiti　　仕事を します　lavorare
　　　電話を します　telefonare

3. ｜ 何を しますか ｜

Questa è la domanda per chiedere che cosa fare.

② 月曜日 何を しますか。　　Che cosa fai lunedì?
　……京都へ 行きます。　　　……Vado a Kyoto.

③ きのう 何を しましたか。　Che cosa hai fatto ieri?
　……サッカーを しました。　……Ho giocato a calcio.

4. ｜ なん e なに ｜

なん e なに hanno lo stesso significato.

なん si utilizza nei casi seguenti:

1) Quando precede una parola che inizia con sillabe della linea た, だ o な

④ それは 何ですか。　　　　Cos'è quello?
⑤ 何の 本ですか。　　　　　Che libro è?
⑥ 寝る まえに、何と 言いますか。
　Cosa si dice prima di andare a letto? (L.21)
⑦ 何で 東京へ 行きますか。　Come vai a Tokyo?

[Nota] なんで si usa sia per chiedere "perché" che per chiedere "come". Quando si vuole che sia chiaro che la domanda è "come" nel senso di "con che cosa", si utilizza なにで.

⑧ 何で 東京へ 行きますか。 　　Con che cosa vai a Tokyo?
　……新幹線で 行きます。 　　……Vado in Shinkansen.

2) Quando precede un classificatore numerale

⑨ テレーザちゃんは 何歳ですか。 　Quanti anni ha Teresa?

In tutti gli altri casi, a parte cioè 1) e 2), si usa なに.

⑩ 何を 買いますか。 　　Cosa compri?

5. N(luogo)で V

In questo caso, quando è posto dopo il nome di un luogo, で indica che in quel luogo si svolge l'azione.

⑪ 駅で 新聞を 買います。 　　Compro il giornale alla stazione.

6. Vませんか

Espressione per invitare qualcuno a fare qualcosa.

⑫ いっしょに 京都へ 行きませんか。 [Perché] non andiamo insieme a Kyoto?
　……ええ、いいですね。 　　……Sì, che bella idea.

7. Vましょう

Espressione di invito a fare qualcosa insieme. Può essere anche utilizzata per rispondere positivamente a un invito.

⑬ ちょっと 休みましょう。 　　Riposiamo un attimo.
⑭ いっしょに 昼ごはんを 食べませんか。
　……ええ、食べましょう。

　　Perché non mangiamo insieme a pranzo?
　……Oh, sì, mangiamo dai.

[Nota] Sia Vませんか che Vましょう si usano per invitare qualcuno a fare qualcosa insieme, ma Vませんか esprime maggiore considerazione per quello che l'interlocutore potrebbe voler fare, rispetto a Vましょう.

8. ～か

か indica che il parlante ha recepito qualche nuova informazione. Ha più o meno lo stesso uso del か di そうですか (vedi Lezione 2-8).

⑮ 日曜日 京都へ 行きました。 　　Domenica sono andato a Kyoto.
　……京都ですか。いいですね。 　　……A Kyoto? Che bello.

Lezione 7

I. Vocaboli

きります	切ります	tagliare, affettare
おくります	送ります	mandare, spedire
あげます		dare (nel senso di regalare)
もらいます		ricevere (nel senso di fare proprio un oggetto)
かします	貸します	prestare
かります	借ります	prendere in prestito
おしえます	教えます	insegnare
ならいます	習います	imparare, apprendere (da qualcuno)
かけます[でんわを～]	[電話を～]	fare [una telefonata]
て	手	mano
はし		bacchette
スプーン		cucchiaio
ナイフ		coltello
フォーク		forchetta
はさみ		forbici
パソコン		computer, PC
ケータイ		cellulare
メール		e-mail
ねんがじょう	年賀状	cartolina d'auguri di Buon Anno
パンチ		foratrice per carta
ホッチキス		spillatrice
セロテープ		nastro adesivo, scotch
けしゴム	消しゴム	gomma da cancellare
かみ	紙	carta, foglio
はな	花	fiore
シャツ		camicia
プレゼント		regalo, dono
にもつ	荷物	bagaglio, pacco, carico
おかね	お金	soldi
きっぷ	切符	biglietto (per mezzi pubblici)
クリスマス		Natale

ちち	父	(mio) padre
はは	母	(mia) madre
おとうさん*	お父さん	padre, papà (di altre persone, o se l'interlocutore è mio padre)
おかあさん	お母さん	madre, mamma (di altre persone, o se l'interlocutore è mia madre)

もう	già
まだ	(non) ancora
これから	d'ora in poi, adesso (quando si inizia qualcosa)

〈練習 C〉
[〜、] すてきですね。   [〜] fantastico, no?

〈会話〉
いらっしゃい。	Benvenuto.
どうぞ お上がり ください。	Prego, entri pure.
失礼します。	Permesso.
[〜は] いかがですか。	Le va un [tè, caffè, dolce, etc.]? (Si usa per offrire qualcosa a qualcuno)
いただきます。	Grazie. (Si usa quando si riceve qualcosa da bere o mangiare)
ごちそうさま[でした]*。	Era buonissimo. (Si usa dopo che si è ricevuto qualcosa da bere o da mangiare)

スペイン   Spagna

II. Traduzione

Frasi modello
1. Guardo un film col mio computer.
2. Do dei fiori alla sig.na Kimura.
3. Ho ricevuto del cioccolato dalla sig.na Karina.
4. Ho già mandato un'e-mail.

Frasi di esempio
1. Hai studiato il giapponese alla TV?
    ……No, l'ho studiato alla radio.
2. Scrivi la relazione in giapponese?
    ……No, la scrivo in inglese.
3. Come si dice "goodbye" in giapponese?
    ……Si dice "sayonara".
4. A chi scrivi i biglietti d'auguri di Buon Anno?
    ……Le scrivo al mio insegnante e ai miei amici.
5. Che cos'è quello?
    ……È un'agenda. L'ho ricevuta dal sig. Yamada.
6. Hai già comprato il biglietto dello Shinkansen?
    ……Sì, l'ho già comprato.
7. Hai già pranzato?
    ……No, non ancora. Mangerò ora.

Conversazione

Benvenuti

Ichiro Yamada:	Sì?
Jose Santos:	Sono Santos.
	…………………………………………
Ichiro Yamada:	Benvenuti. Prego, entrate.
Jose Santos:	Con permesso.
	…………………………………………
Tomoko Yamada:	Desiderate un caffè?
Maria Santos:	Sì, grazie.
	…………………………………………
Tomoko Yamada:	Prego.
Maria Santos:	Grazie.
	Questo cucchiaino, è stupendo no?
Tomoko Yamada:	Sì, me l'ha regalato uno della ditta.
	È un souvenir dal Messico.

III. Parole e informazioni utili

家族(かぞく) Famiglia

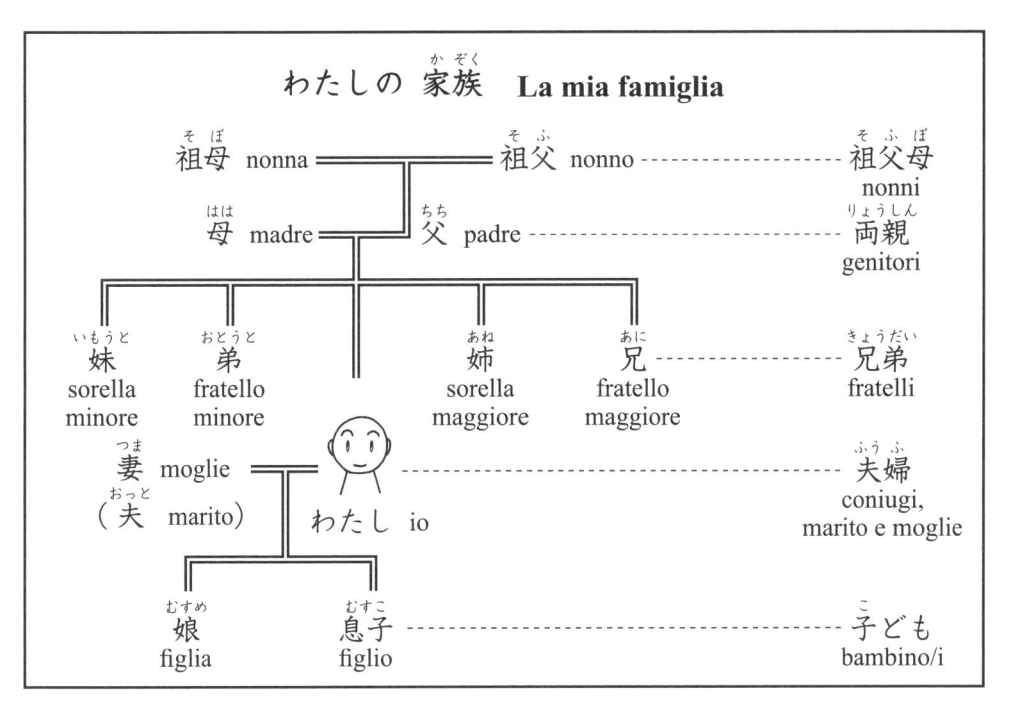

わたしの 家族(かぞく) La mia famiglia

- 祖母(そぼ) nonna
- 祖父(そふ) nonno
- 祖父母(そふぼ) nonni
- 母(はは) madre
- 父(ちち) padre
- 両親(りょうしん) genitori
- 妹(いもうと) sorella minore
- 弟(おとうと) fratello minore
- 姉(あね) sorella maggiore
- 兄(あに) fratello maggiore
- 兄弟(きょうだい) fratelli
- 妻(つま) moglie
- (夫(おっと) marito)
- わたし io
- 夫婦(ふうふ) coniugi, marito e moglie
- 娘(むすめ) figlia
- 息子(むすこ) figlio
- 子(こ)ども bambino/i

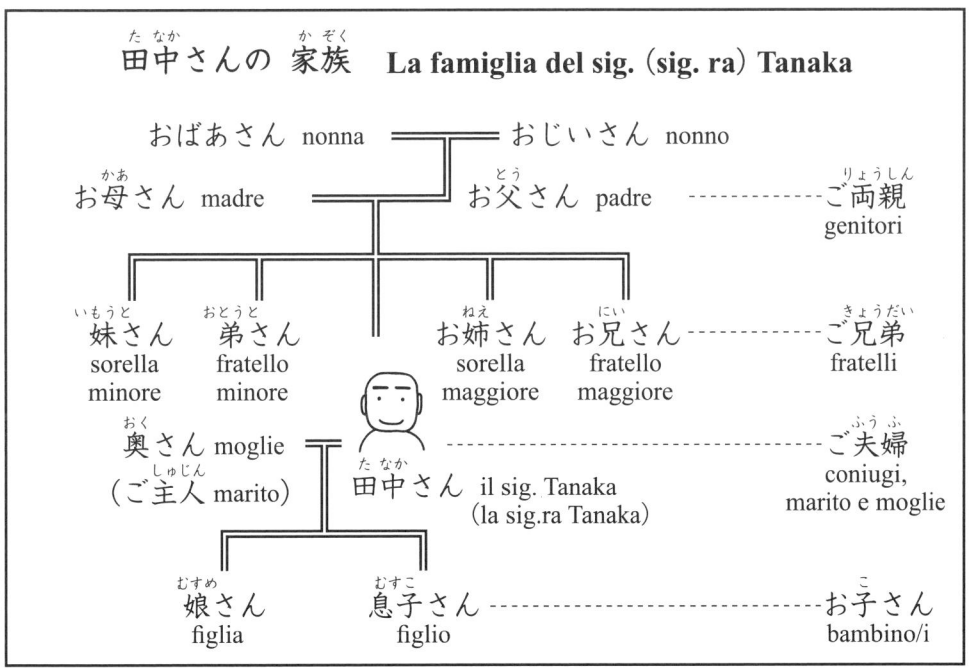

田中(たなか)さんの 家族(かぞく) La famiglia del sig. (sig. ra) Tanaka

- おばあさん nonna
- おじいさん nonno
- お母(かあ)さん madre
- お父(とう)さん padre
- ご両親(りょうしん) genitori
- 妹(いもうと)さん sorella minore
- 弟(おとうと)さん fratello minore
- お姉(ねえ)さん sorella maggiore
- お兄(にい)さん fratello maggiore
- ご兄弟(きょうだい) fratelli
- 奥(おく)さん moglie
- (ご主人(しゅじん) marito)
- 田中(たなか)さん il sig. Tanaka (la sig.ra Tanaka)
- ご夫婦(ふうふ) coniugi, marito e moglie
- 娘(むすめ)さん figlia
- 息子(むすこ)さん figlio
- お子(こ)さん bambino/i

IV. Note grammaticali

1. N(strumento/modo)で V

La particella で indica il modo o metodo per compiere un'azione.

① はしで 食べます。　　　　　　　　Mangio con le bacchette.
② 日本語で レポートを 書きます。　　Scrivo il report in giapponese.

2. "Parola/frase"は ～語で 何ですか

Questa frase si usa per chiedere come si dice qualcosa in un'altra lingua.

③ 「ありがとう」は 英語で 何ですか。　Come si dice "arigato" in inglese?
　……「Thank you」です。　　　　　　……Si dice "thank you".
④ 「Thank you」は 日本語で 何ですか。Come si dice "thank you" in giapponese?
　……「ありがとう」です。　　　　　　……Si dice "arigato".

3. N₁(persona)に N₂を あげます, etc.

I verbi come あげます, かします, おしえます indicano un passaggio di cose o informazioni, e sono usati con nomi che indicano a chi queste cose o informazioni vengono passate. A questi nomi si aggiunge la particella に.

⑤ [わたしは] 木村さんに 花を あげました。

　[Io] ho dato dei fiori alla sig.na Kimura.

⑥ [わたしは] イーさんに 本を 貸しました。

　[Io] ho prestato un libro alla sig.na Lee.

⑦ [わたしは] 山田さんに 英語を 教えます。

　[Io] insegno inglese al sig. Yamada.

4. N₁(persona)に N₂を もらいます, etc.

I verbi come もらいます, かります, ならいます indicano la ricezione di cose o informazioni, e sono usati con nomi che indicano da chi si ricevono queste cose o informazioni. Anche per indicare questi nomi si usa la particella に.

⑧ [わたしは] 山田さんに 花を もらいました。

　[Io] ho ricevuto dei fiori dal sig. Yamada.

⑨ [わたしは] カリナさんに CDを 借りました。

　[Io] ho preso in prestito un CD dalla sig.na Karina.

⑩ [わたしは] ワンさんに 中国語を 習います。

　[Io] imparo il cinese dal sig. Wang.

[Nota] In queste frasi modello, la particella に può essere sostituita con から. In particolare, quando il datore non è una persona, ma un'organizzazione come un'azienda o una scuola, non si usa に ma solo から.

⑪ ［わたしは］山田さんから 花を もらいました。
[Io] ho ricevuto dei fiori dal sig. Yamada.

⑫ 銀行から お金を 借りました。
Ho preso in prestito dei soldi dalla banca.

5. もう V ました

もう significa "già", ed è generalmente utilizzato come composto di V ました. In questo caso V ました significa che l'azione è già stata compiuta.

La risposta alla domanda もう V ましたか se un'azione sia già stata compiuta o no è, in caso affermativo (cioè se l'azione è stata compiuta) はい、もう V ました, e in caso negativo (se ancora non è stata compiuta) いいえ、V て いません (vedi Lezione 31), oppure いいえ、まだです. La forma いいえ、V ませんでした non si può usare in questo caso, perché indica semplicemente che qualcosa non è stato fatto nel passato, e non che qualche azione al momento attuale è ancora incompiuta.

⑬ もう 荷物を 送りましたか。　　　　Hai già spedito il bagaglio?
　　……はい、［もう］送りました。　　……Sì, l'ho [già] spedito.
　　……いいえ、まだ 送って いません。　……No, non l'ho ancora spedito. (L.31)
　　……いいえ、まだです。　　　　　……No, non ancora.

6. Omissione delle particelle

Le particelle sono spesso omesse durante la conversazione laddove la relazione tra le varie parti della frase sia evidente.

⑭ この スプーン［は］、すてきですね。　Questo cucchiaio, è stupendo no?

⑮ コーヒー［を］、もう 一杯 いかがですか。
Che ne dice di un'altra tazza di caffè? (L.8)

Lezione 8

I. Vocaboli

ハンサム[な]		bello (solo riferito a uomini)
きれい[な]		bello, pulito
しずか[な]	静か[な]	silenzioso, tranquillo
にぎやか[な]		(un luogo) frequentato, animato, vivace
ゆうめい[な]	有名[な]	famoso
しんせつ[な]	親切[な]	gentile (non si usa per indicare la propria famiglia)
げんき[な]	元気[な]	sano, stare bene, energico
ひま[な]	暇[な]	poco impegnato, libero dal lavoro
べんり[な]	便利[な]	comodo, utile
すてき[な]		fantastico, splendido
おおきい	大きい	grande
ちいさい*	小さい	piccolo
あたらしい	新しい	nuovo
ふるい	古い	vecchio (non riferito a persone)
いい (よい)		buono
わるい*	悪い	cattivo, brutto (tempo)
あつい	暑い、熱い	caldo
さむい	寒い	freddo (atmosferico)
つめたい	冷たい	freddo (al tatto)
むずかしい	難しい	difficile
やさしい	易しい	facile
たかい	高い	costoso, alto
やすい	安い	economico
ひくい*	低い	basso
おもしろい		interessante, divertente
おいしい		buono (di sapore)
いそがしい	忙しい	impegnato, occupato
たのしい	楽しい	divertente, piacevole
しろい	白い	bianco
くろい	黒い	nero
あかい	赤い	rosso
あおい	青い	azzurro, blu
さくら	桜	ciliegio, fiori di ciliegio
やま	山	montagna
まち	町	città
たべもの	食べ物	cibo, mangiare

ところ	所	luogo, posto
りょう	寮	dormitorio
レストラン		ristorante
せいかつ	生活	vita (quotidiana)
[お]しごと	[お]仕事	lavoro (〜を します : lavorare)
どう		come
どんな 〜		che tipo di 〜
とても		molto
あまり		non molto (si usa nelle frasi negative)
そして		e (congiunzione tra una frase e l'altra)
〜が、〜		〜, ma 〜

〈練習 C〉

お元気ですか。	Come sta?
そうですね。	Umm./Vediamo un po'. (Si usa quando si pensa alla risposta)

〈会話〉

[〜、] もう 一杯 いかがですか。	Le andrebbe un altro bicchiere di [〜]?
[いいえ、] けっこうです。	[No grazie,] può bastare così.
もう 〜です[ね]。	Ormai è già 〜 [eh].
そろそろ 失礼します。	Tra poco tolgo il disturbo.
いいえ。	Di niente.
また いらっしゃって ください。	La prego, torni a trovarci.

シャンハイ	Shanghai (上海)
金閣寺	Kinkakuji (il Padiglione d'Oro a Kyoto)
奈良公園	Parco di Nara
富士山	Monte Fuji (la montagna più alta del Giappone)
「七人の 侍」	I Sette Samurai (vecchio film di Akira Kurosawa)

II. Traduzione

Frasi modello
1. I fiori di ciliegio sono belli.
2. Il monte Fuji è alto.
3. I fiori di ciliegio sono dei bei fiori.
4. Il monte Fuji è una montagna alta.

Frasi di esempio
1. Osaka è [una città] vivace?
   ……Sì, è vivace.
2. L'Università Sakura è famosa?
   ……No, non è famosa.
3. In questo momento fa freddo a Beijing?
   ……Sì, fa molto freddo.
   Anche a Shanghai fa freddo?
   ……No, non fa molto freddo.
4. Com'è il dormitorio dell'università?
   ……È vecchio, ma è comodo.
5. Ieri sono andato a casa del sig. Matsumoto.
   ……Che tipo di casa è?
   È una casa bella. E poi anche grande.
6. Ieri ho visto un film interessante.
   ……Cosa hai visto?
   "I sette Samurai".

Conversazione

Fra poco togliamo il disturbo

Ichiro Yamada: Sig.ra Maria, com'è la vita in Giappone?
Maria Santos: Ogni giornata è molto divertente.
Ichiro Yamada: Davvero? Sig. Santos, come va il lavoro?
Jose Santos: Beh, è impegnativo, ma interessante.
  ………………………………………………

Tomoko Yamada: Che ne dite di un'altra tazza di caffè?
Maria Santos: No, grazie, basta così.
  ………………………………………………

Jose Santos: Oh, sono già le 6:00. Fra un po' togliamo il disturbo.
Ichiro Yamada: Davvero?
Maria Santos: Grazie mille per oggi.
Tomoko Yamada: Di niente. Tornate a trovarci per favore.

III. Parole e informazioni utili

色・味 (いろ・あじ) Colori e sapori

色 (いろ) Colori

Sostantivo	Aggettivo	Sostantivo	Aggettivo
白 (しろ) bianco	白い (しろい)	黄色 (きいろ) giallo	黄色い (きいろい)
黒 (くろ) nero	黒い (くろい)	茶色 (ちゃいろ) marrone	茶色い (ちゃいろい)
赤 (あか) rosso	赤い (あかい)	ピンク rosa	—
青 (あお) azzurro, blu	青い (あおい)	オレンジ arancione	—
緑 (みどり) verde	—	グレー grigio	—
紫 (むらさき) viola	—	ベージュ beige	—

味 (あじ) Sapori

甘い (あまい) dolce　　辛い (からい) piccante 　　苦い (にがい) amaro 　　塩辛い (しおからい) salato

酸っぱい (すっぱい) aspro, acido 　　濃い (こい) forte, saporito, consistente 　　薄い (うすい) delicato, leggero

春・夏・秋・冬 (はる・なつ・あき・ふゆ) Primavera, estate, autunno, inverno

Le quattro stagioni in Giappone sono nettamente definite. La primavera è da marzo a maggio, l'estate da giugno ad agosto, l'autunno da settembre a novembre, e l'inverno da dicembre a febbraio. La temperatura media cambia da regione a regione, ma le variazioni sono più o meno le stesse. Il mese più caldo è agosto, e il più freddo gennaio o febbraio. I giapponesi percepiscono in base al cambio di temperatura, che la primavera è tiepida, l'estate è calda, l'autunno è fresco, e l'inverno è freddo.

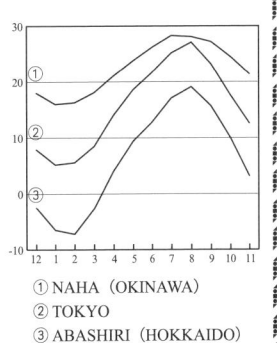

① NAHA (OKINAWA)
② TOKYO
③ ABASHIRI (HOKKAIDO)

IV. Note grammaticali

1. Aggettivi

Gli aggettivi vengono utilizzati come predicati, e nelle frasi come N は Agg です indicano lo stato di un nome, o sono usati per modificare un nome. In giapponese esistono due tipi di aggettivi, a seconda della loro declinazione: gli aggettivi -い e gli aggettivi -な.

2.
```
N は Agg- な[な] です
N は Agg- い(〜い) です
```

Le frasi aggettivali che non sono né in forma passata né negativa finiscono in です, che esprime cortesia verso l'interlocutore. Entrambi gli aggettivi si attaccano a です, ma mentre gli Agg- な perdono il な, gli Agg- い mantengono la loro forma (〜い).

① ワット先生は 親切です。   Il prof. Watt è gentile.
② 富士山は 高いです。   Il monte Fuji è alto.

1) Agg- な[な] じゃ(では) ありません

La forma non passata negativa degli Agg- な si forma togliendo il な e aggiungendo じゃ(では) ありません.

③ あそこは 静かじゃ(では) ありません。   Laggiù non è tranquillo.

2) Agg- い(〜い) です → 〜くないです

La forma non passata negativa degli Agg- い si forma togliendo la い e aggiungendo くないです.

④ この 本は おもしろくないです。   Questo libro non è interessante.

[Nota] Il negativo di いいです è よくないです.

3) Declinazione degli aggettivi

	Agg- な	Agg- い
Non-passato affermativo	しんせつです	たかいです
Non-passato negativo	しんせつじゃ(では) ありません	たかくないです

4) Le domande che utilizzano frasi aggettivali sono formate nello stesso modo di quelle che usano frasi nominali (vedi Lezione 1) e frasi verbali (vedi Lezione 4). Per rispondere a queste domande l'aggettivo viene ripetuto, e non possono essere utilizzate espressioni come そうです o ちがいます.

⑤ ペキンは 寒いですか。   A Pechino fa freddo?
……はい、寒いです。   ……Sì, fa freddo.
⑥ 奈良公園は にぎやかですか。   Il parco di Nara è affollato?
……いいえ、にぎやかじゃ ありません。   ……No, non è affollato.

3.
```
Agg- な[な] N
Agg- い(〜い) N
```

Quando degli aggettivi modificano un nome, questi vengono posti prima del nome. In questo caso gli Agg- な mantengono il な.

⑦ ワット先生は 親切な 先生です。　　　Il prof. Watt è un insegnante gentile.

⑧ 富士山は 高い 山です。　　　Il monte Fuji è un monte alto.

4. ～が、～

が connette due frasi in una relazione avversativa. Se le due frasi sono formate da aggettivi che definiscono lo stesso nome, la prima frase ne indica una qualità positiva, e la seconda una qualità negativa, o viceversa.

⑨ 日本の 食べ物は おいしいですが、高いです。

　　Il cibo giapponese è buono, ma caro.

5. とても／あまり

とても e あまり sono entrambi avverbi di grado e compaiono davanti agli aggettivi che modificano. とても significa "molto" e viene utilizzato nelle frasi affermative. あまり viene invece utilizzato nelle frasi negative e significa "non molto".

⑩ ペキンは とても 寒いです。　　　A Pechino fa molto freddo.

⑪ これは とても 有名な 映画です。　　　Questo è un film molto famoso.

⑫ シャンハイは あまり 寒くないです。　　　A Shanghai non fa molto freddo.

⑬ さくら大学は あまり 有名な 大学じゃ ありません。

　　L'Università Sakura non è un'università molto famosa.

6. N は どうですか

L'espressione N は どうですか serve a chiedere all'interlocutore un parere, un'opinione o una sensazione riguardo a cose, luoghi, persone, etc. delle quali ha avuto esperienza diretta.

⑭ 日本の 生活は どうですか。　　　La vita in Giappone com'è?
　　……楽しいです。　　　……È divertente.

7. N₁ は どんな N₂ ですか

どんな modifica un nome, ed è utilizzato come interrogativa per chiedere riguardo lo stato o la natura di persone, cose, etc.

⑮ 奈良は どんな 町ですか。　　　Che tipo di città è Nara?
　　……古い 町です。　　　……È una città vecchia.

8. そうですね

L'uso dell'espressione そうですね per manifestare consenso o comprensione è spiegato nella Lezione 5. Il そうですね che appare nella Conversazione di questa Lezione mostra che il parlante sta pensando, come nell'esempio ⑯.

⑯ お仕事は どうですか。　　　Come va il lavoro?
　　……そうですね。忙しいですが、おもしろいです。
　　……Umm. È impegnativo, ma interessante.

Lezione 9

I. Vocaboli

わかります		capire
あります		avere
すき[な]	好き[な]	preferito, che piace
きらい[な]	嫌い[な]	odiato, che non piace
じょうず[な]	上手[な]	essere bravo a, abile
へた[な]	下手[な]	non essere bravo a, maldestro
のみもの	飲み物	bevanda
りょうり	料理	pietanza, cucina (〜を します: cucinare)
スポーツ		sport (〜を します: fare sport)
やきゅう	野球	baseball (〜を します: giocare a baseball)
ダンス		ballo, danza (〜を します: ballare)
りょこう	旅行	viaggio (〜[を] します: viaggiare)
おんがく	音楽	musica
うた	歌	canzone
クラシック		musica classica
ジャズ		jazz
コンサート		concerto (di musica)
カラオケ		karaoke
かぶき	歌舞伎	kabuki (una delle forme di teatro tradizionale giapponese)
え	絵	pittura, quadro, disegno
じ*	字	carattere, lettera
かんじ	漢字	caratteri cinesi
ひらがな		hiragana
かたかな		katakana
ローマじ*	ローマ字	caratteri latini
こまかい おかね	細かい お金	spiccioli
チケット		biglietto
じかん	時間	tempo
ようじ	用事	impegno, commissione, affare
やくそく	約束	appuntamento, promessa (〜[を] します: fissare un appuntamento/fare una promessa)

アルバイト		lavoro part-time, lavoretto (〜を します : fare lavoro part-time)
ごしゅじん	ご主人	(suo, tuo) marito
おっと／しゅじん	夫／主人	(mio) marito
おくさん	奥さん	(sua, tua) moglie
つま／かない	妻／家内	(mia) moglie
こども	子ども	bambino/a, figlio/a
よく		bene (avverbio)
だいたい		grosso modo, più o meno
たくさん		molto, tanto, in abbondanza
すこし	少し	un po'
ぜんぜん	全然	non... per niente (si utilizza solo con la forma negativa)
はやく	早く、速く	presto, velocemente
〜から		perché 〜, poiché 〜 (congiunzione)
どうして		perché (interrogativo)

⟨練習C⟩
貸して ください。	Prestamelo per favore.
いいですよ。	Ma certo.
残念です[が]	È un peccato [ma...]

⟨会話⟩
ああ	Ah.
いっしょに いかがですか。	(Andiamo/facciamo) insieme, che ne dice?
[〜は] ちょっと……。	Mmh... (Interiezione per declinare un'offerta)
だめですか。	Non le va bene?
また 今度 お願いします。	Facciamo la prossima volta.

II. Traduzione

Frasi modello
1. Mi piace la cucina italiana.
2. Capisco un po' il giapponese.
3. Siccome oggi è il compleanno di mio figlio, tornerò a casa presto.

Frasi di esempio
1. Ti piacciono le bevande alcoliche?
   ……No, non mi piacciono.
2. Che tipo di sport ti piace?
   ……Mi piace il calcio.
3. La sig.na Karina è brava a disegno?
   ……Sì, è molto brava.
4. Sig. Tanaka, lei capisce la lingua indonesiana?
   ……No, non la capisco per niente.
5. Hai degli spiccioli?
   ……No, non ce li ho.
6. Leggi il giornale tutte le mattine?
   ……No, non lo leggo perché non ho tempo.
7. Perché ieri sei andato via presto?
   ……Perché avevo un impegno.

Conversazione

È un peccato ma...

Kimura:	Sì?
Miller:	È la sig.na Kimura? Sono Miller.
Kimura:	Oh, sig. Miller, buonasera. Come sta?
Miller:	Sto bene.
	Senta, sig.na Kimura, le piacerebbe andare insieme a un concerto di musica classica?
Kimura:	Che bello. Quando è?
Miller:	È il prossimo venerdì sera.
Kimura:	Il prossimo venerdì?
	Il prossimo venerdì sera è un po'...
Miller:	Non può?
Kimura:	Eh sì, è un peccato ma ho un appuntamento con degli amici...
Miller:	Ah, ho capito.
Kimura:	Sì. Facciamo la prossima volta, la prego.

III. Parole e informazioni utili

音楽・スポーツ・映画　Musica, sport e film

音楽 Musica

ポップス	pop
ロック	rock
ジャズ	jazz
ラテン	latino-americana
クラシック	classica
民謡	folk
演歌	enka (canzone tradizionale giapponese)
ミュージカル	musical
オペラ	opera lirica

映画 Film

SF	fantascienza
ホラー	horror
アニメ	animazione
ドキュメンタリー	documentario
恋愛	romantico
ミステリー	poliziesco
文芸	trasposizione da un'opera letteraria
戦争	guerra
アクション	azione
喜劇	comico

スポーツ Sport

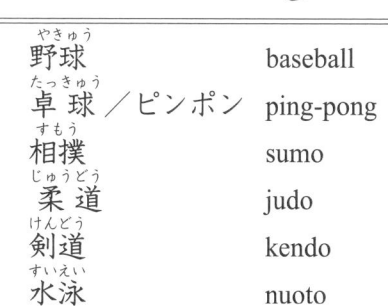

ソフトボール	softball	野球	baseball
サッカー	calcio	卓球／ピンポン	ping-pong
ラグビー	rugby	相撲	sumo
バレーボール	pallavolo	柔道	judo
バスケットボール	basket	剣道	kendo
テニス	tennis	水泳	nuoto
ボウリング	bowling		
スキー	sci		
スケート	pattinaggio		

IV. Note grammaticali

1. N が あります／わかります
   N が 好きです／嫌いです／上手です／下手です

   L'oggetto di alcuni verbi e aggettivi è indicato da が invece che da を.

   ① わたしは イタリア料理が 好きです。　A me piace la cucina italiana.
   ② わたしは 日本語が わかります。　　Io capisco il giapponese.
   ③ わたしは 車が あります。　　　　Io ho un'automobile.

2. どんな N

   Oltre alle risposte viste nella Lezione 8, a una domanda con どんな si può rispondere anche con un nome.

   ④ どんな スポーツが 好きですか。　Che tipo di sport ti piace?
   　……サッカーが 好きです。　　　……Mi piace il calcio.

3. よく／だいたい／たくさん／少し／あまり／全然

   Questi avverbi vengono posti prima del verbo che modificano.

	Avverbi di grado	Avverbi di quantità
Usato con l'affermativo	よく　　わかります だいたい　わかります すこし　わかります	たくさん あります すこし　　あります
Usato col negativo	あまり　わかりません ぜんぜん わかりません	あまり　　ありません ぜんぜん ありません

   ⑤ 英語が よく わかります。　　　　Io capisco bene l'inglese.
   ⑥ 英語が 少し わかります。　　　　Io capisco un po' l'inglese.
   ⑦ 英語が あまり わかりません。　　Io non capisco molto l'inglese.
   ⑧ お金が たくさん あります。　　　Ho tanti soldi.
   ⑨ お金が 全然 ありません。　　　　Non ho assolutamente soldi.

   [Nota] すこし, ぜんぜん, あまり possono modificare anche gli aggettivi.

   ⑩ ここは 少し 寒いです。　　　　　Qui fa un po' freddo.
   ⑪ あの 映画は 全然 おもしろくないです。
   　　Quel film non è per niente interessante.

4. ～から、～

La frase che precede から esprime la motivazione della frase che segue.

⑫ 時間が ありませんから、新聞を 読みません。

　　Siccome non ho tempo, non leggo il giornale.

È anche possibile affermare qualcosa, e poi darne la spiegazione in seguito con ～から.

⑬ 毎朝 新聞を 読みますか。
　　……いいえ、読みません。時間が ありませんから。

　　Leggi il giornale tutte le mattine?
　　……No, non lo leggo. Perché non ho tempo.

5. どうして

L'avverbio interrogativo どうして si usa per chiedere il motivo di qualcosa. から è posto alla fine della risposta relativa.

⑭ どうして 朝 新聞を 読みませんか。
　　……時間が ありませんから。

　　Perché la mattina non leggi il giornale?
　　……Perché non ho tempo.

どうしてですか è utilizzato per chiedere il motivo di qualcosa che altre persone hanno appena detto, senza dover ripetere tutta la loro frase.

⑮ きょうは 早く 帰ります。　　　Oggi vado via presto.
　　……どうしてですか。　　　　　……Perché?
　　子どもの 誕生日ですから。　　Perché è il compleanno di mio figlio/a.

Lezione 10

I. Vocaboli

あります		esserci (riferito a cose inanimate)
います		esserci (riferito a persone e animali)
いろいろ[な]		vario
おとこの ひと	男の 人	uomo
おんなの ひと	女の 人	donna
おとこの こ	男の 子	bambino
おんなの こ	女の 子	bambina
いぬ	犬	cane
ねこ	猫	gatto
パンダ		panda
ぞう	象	elefante
き	木	albero
もの	物	cosa, oggetto
でんち	電池	pila, batteria
はこ	箱	scatola
スイッチ		interruttore
れいぞうこ	冷蔵庫	frigorifero
テーブル		tavola
ベッド		letto
たな	棚	scaffale, mensola
ドア		porta
まど	窓	finestra
ポスト		buca delle lettere
ビル		palazzo, edificio (moderno)
ATM		bancomat
コンビニ		convenience store (mini-market aperto 24 ore su 24)
こうえん	公園	giardino pubblico, parco
きっさてん	喫茶店	bar, caffetteria
〜や	〜屋	negozio di 〜
のりば	乗り場	area dalla quale si sale su un mezzo pubblico

けん	県	prefettura, regione
うえ	上	sopra, su
した	下	sotto, giù
まえ	前	davanti
うしろ		dietro
みぎ	右	destra
ひだり	左	sinistra
なか	中	dentro, interno
そと*	外	fuori, esterno
となり	隣	accanto
ちかく	近く	vicino a, nelle vicinanze
あいだ	間	fra, tra

～や ～[など]　　　　　　　　～, e ～ [e altro]

〈会話〉
[どうも]すみません。　　　Grazie [mille].
ナンプラー　　　　　　　　nam pla（salsa di pesce thailandese）
コーナー　　　　　　　　　l'angolo del..., reparto（di un negozio）
いちばん 下　　　　　　　quello più in basso

東京ディズニーランド　　　Tokyo Disneyland

アジアストア　　　　　　　nome di un supermercato（nome fittizio）

II. Traduzione

Frasi modello
1. Laggiù c'è un mini-market.
2. Nella hall c'è la sig.na Sato.
3. Tokyo Disneyland è nella prefettura di Chiba.
4. La mia famiglia sta a New York.

Frasi di esempio
1. In questo palazzo c'è il bancomat?
   ······Sì, è al primo piano.
2. Lì c'è un uomo, no? Chi è [quella persona]?
   ······È il sig. Matsumoto della IMC.
3. Chi c'è nel giardino?
   ······Non c'è nessuno. C'è il gatto.
4. Cosa c'è nella scatola?
   ······Ci sono vecchie lettere, foto e altre cose.
5. Dov'è l'ufficio postale?
   ······È vicino alla stazione, di fronte alla banca.
6. Dov'è il sig. Miller?
   ······È in sala riunioni.

Conversazione

Avete del nam pla?

Miller: Scusi, dov'è l'Asia Store?
Signora: L'Asia Store?
　　　　Laggiù c'è un palazzo bianco, vede?
　　　　È dentro quell'edificio.
Miller: Ah, ho capito. Grazie.
Signora: Di niente.
　　　　···

Miller: Scusi, avete del nam pla?
Commesso: Sì.
　　　　Lì c'è l'angolo del cibo thailandese.
　　　　Il nam pla è sullo scaffale più in basso.
Miller: Ho capito. Grazie.

III. Parole e informazioni utili

うちの中 In casa

① 玄関 (げんかん) — ingresso
② トイレ — toilet, gabinetto
③ ふろ場 (ふろば) — stanza da bagno
④ 洗面所 (せんめんじょ) — (stanza del) lavandino
⑤ 台所 (だいどころ) — cucina
⑥ 食堂 (しょくどう) — sala da pranzo
⑦ 居間 (いま) — salotto, soggiorno
⑧ 寝室 (しんしつ) — camera da letto
⑨ 廊下 (ろうか) — corridoio
⑩ ベランダ — veranda, terrazzo

Utilizzo della vasca da bagno in Giappone

① Lavarsi completamente il corpo nell'area piastrellata prima di entrare nella vasca.

② Sapone e shampoo non dovrebbero mai essere usati dentro la vasca. L'acqua della vasca serve solo per riscaldarsi e rilassarsi.

③ Una volta usciti dalla vasca, non si deve togliere il tappo, ma si copre la vasca con un coperchio, lasciandola pronta per la persona che entrerà dopo di noi.

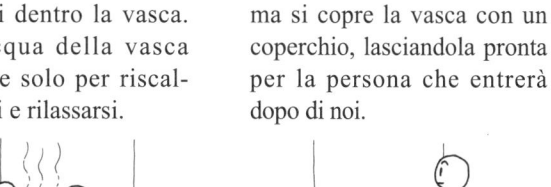

Utilizzo del gabinetto

stile giapponese   stile occidentale

IV. Note grammaticali

1. N が あります／います

あります e います indicano l'esistenza di cose, persone, etc. Poiché questi verbi indicano semplicemente all'ascoltatore l'esistenza di qualcosa, il nome a cui si riferiscono viene indicato con la particella が.

1) あります viene usato per indicare l'esistenza di cose inanimate come oggetti e piante.

　① コンピューターが あります。　　　C'è un computer.
　② 桜が あります。　　　　　　　　　Ci sono dei ciliegi.
　③ 公園が あります。　　　　　　　　C'è un parco.

2) います viene usato per cose animate, che si possono muovere autonomamente, come animali e persone.

　④ 男の 人が います。　　　　　　　C'è un uomo.
　⑤ 犬が います。　　　　　　　　　　C'è un cane.

2. Luogo に N が あります／います

Questa frase modello è utilizzata per dire cosa o chi si trova in un certo luogo.

1) La particella に indica il luogo in cui l'oggetto o la persona si trovano.

　⑥ わたしの 部屋に 机が あります。　Nella mia stanza c'è una scrivania.
　⑦ 事務所に ミラーさんが います。　Nell'ufficio c'è il sig. Miller.

2) Quando si chiede che cosa è presente si utilizza l'interrogativo なに, mentre quando si chiede chi è presente si usa l'interrogativo だれ.

　⑧ 地下に 何が ありますか。　　　　Cosa c'è nel piano interrato?
　　……レストランが あります。　　　……C'è un ristorante.
　⑨ 受付に だれが いますか。　　　　Chi c'è alla reception?
　　……木村さんが います。　　　　　……C'è la sig.na Kimura.

[Nota] Non solo negli esempi sopra riportati, ma ogni volta che si usa un interrogativo questo è seguito sempre e soltanto dalla particella が. (×なには　×だれは)

3. N は luogo に あります／います

Questo tipo di frase prende come tema il nome (l'oggetto che esiste) della frase modello 2. Luogo に N が あります／います, e parla della sua esistenza. Il nome vuole la particella は, e compare in cima alla frase. In questo caso il nome in questione deve essere qualcosa che sia il parlante che l'interlocutore conoscono.

　⑩ 東京ディズニーランドは 千葉県に あります。
　　Tokyo Disneyland è nella prefettura di Chiba.
　⑪ ミラーさんは 事務所に います。　　　　　　　Il sig. Miller è nell'ufficio.
　⑫ 東京ディズニーランドは どこに ありますか。　Dov'è Tokyo Disneyland?

……千葉県に あります。　　　　　　……È nella prefettura di Chiba.

⑬　ミラーさんは どこに いますか。　　Dov'è il sig. Miller?
　　……事務所に います。　　　　　　……È nell'ufficio.

[Nota] Questa frase modello può essere sostituita con N は luogo です (vedi Lezione 3). Fare attenzione che in questo caso, l'interrogativa (どこ) e il nome (ちばけん) che vengono prima di です, non sono seguiti da に.

⑭　東京ディズニーランドは どこですか。　Dov'è Tokyo Disneyland?
　　……千葉県です。　　　　　　　　　　……È nella prefettura di Chiba.

4. ☐ N₁ (cose/persone/luoghi) の N₂ (posizione)

Quando il N₂ rappresenta una direzione o una posizione come in うえ, した, まえ, うしろ, みぎ, ひだり, なか, そと, となり, ちかく o あいだ, questo の indica una relazione di posizione con N₁.

⑮　机の 上に 写真が あります。　　　Sopra alla scrivania ci sono le foto.
⑯　郵便局は 銀行の 隣に あります。　L'ufficio postale è accanto alla banca.
⑰　本屋は 花屋と スーパーの 間に あります。
　　La libreria è tra il negozio di fiori e il supermercato.

[Nota] Nello stesso modo che con i nomi che indicano luoghi, il luogo dell'azione può essere indicato attaccandovi la particella で.

⑱　駅の 近くで 友達に 会いました。
　　Ho incontrato un amico vicino alla stazione.

5. ☐ N₁ や N₂

Come spiegato nella Lezione 4, la particella と è usata per connettere nomi in relazione coordinata quando si fa una lista di nomi. A differenza di と, la particella や è usata quando solo una piccola quantità (due o più) di nomi è menzionata. など viene spesso aggiunto per sottolineare che il parlante non ha menzionato tutti i nomi.

⑲　箱の 中に 手紙や 写真が あります。
　　Nella scatola ci sono [fra le altre cose] lettere e fotografie.
⑳　箱の 中に 手紙や 写真などが あります。
　　Nella scatola ci sono [fra le altre cose] lettere, fotografie e altro.

6. ☐ アジアストアですか

Il seguente dialogo avviene all'inizio della Conversazione della presente Lezione.

㉑　すみません。アジアストアは どこですか。
　　……アジアストアですか。(中略) あの ビルの 中です。
　　Mi scusi, dov'è l'Asia Store?
　　……L'Asia Store? (omissis) È dentro quell'edificio.

Nella conversazione reale, generalmente le persone non rispondono immediatamente alla domanda, ma si assicurano prima di aver colto correttamente il punto della domanda, ripetendolo.

Lezione 11

I. Vocaboli

います［こどもが～］	［子どもが～］	avere [figli]
います［にほんに～］	［日本に～］	stare [in Giappone]
かかります		volerci (soldi, tempo), costare
やすみます	休みます	prendere ferie [dal lavoro]
［かいしゃを～］	［会社を～］	
ひとつ	1つ	uno (usato per contare oggetti)
ふたつ	2つ	due
みっつ	3つ	tre
よっつ	4つ	quattro
いつつ	5つ	cinque
むっつ	6つ	sei
ななつ	7つ	sette
やっつ	8つ	otto
ここのつ	9つ	nove
とお	10	dieci
いくつ		quanti
ひとり	1人	una persona
ふたり	2人	due persone
－にん	－人	－ persone
－だい	－台	(classificatore per contare macchine, automobili, etc.)
－まい	－枚	(classificatore per contare fogli, francobolli e cose piatte e sottili)
－かい	－回	－ volte
りんご		mela
みかん		mandarino
サンドイッチ		tramezzino
カレー［ライス］		[riso al] curry
アイスクリーム		gelato
きって	切手	francobollo
はがき		cartolina
ふうとう	封筒	busta
りょうしん	両親	genitori
きょうだい	兄弟	fratelli
あに	兄	fratello maggiore (mio)

おにいさん*	お兄さん	fratello maggiore (di qualcun altro)
あね	姉	sorella maggiore (mia)
おねえさん*	お姉さん	sorella maggiore (di qualcun altro)
おとうと	弟	fratello minore (mio)
おとうとさん*	弟さん	fratello minore (di qualcun altro)
いもうと	妹	sorella minore (mia)
いもうとさん*	妹さん	sorella minore (di qualcun altro)
がいこく	外国	estero, paese straniero
りゅうがくせい	留学生	studente/studentessa che studia all'estero
クラス		classe
―じかん	―時間	― ore
―しゅうかん	―週間	― settimane
―かげつ	―か月	― mesi
―ねん	―年	― anni
〜ぐらい		circa 〜
どのくらい		quanto tempo circa
ぜんぶで	全部で	in tutto
みんな		tutto, tutti quanti
〜だけ		soltanto 〜

⟨練習C⟩
かしこまりました。　　　　　Ho capito. (Rivolto al cliente)

⟨会話⟩
いい [お]天気ですね。　　　Che bel tempo vero?
お出かけですか。　　　　　　Va da qualche parte?
ちょっと 〜まで。　　　　　　Vado un attimo a 〜.
行ってらっしゃい。　　　　　A dopo. (Saluto rivolto a chi esce di casa)
行って きます。　　　　　　Vado e torno. (Saluto rivolto a chi rimane in casa)
船便　　　　　　　　　　　　posta via mare
航空便（エアメール）　　　　posta via aerea
お願いします。　　　　　　　Per favore.

....

オーストラリア　　　　　　　Australia

II. Traduzione

Frasi modello
1. Nella sala riunioni ci sono sette tavoli.
2. Io sto in Giappone per un anno.

Frasi di esempio
1. Quante mele hai comprato?
   ……Ne ho comprate quattro.
2. Mi dia cinque francobolli da 80 yen e due cartoline.
   ……Sì. Sono 500 yen in tutto.
3. All'Università Fuji ci sono degli insegnanti stranieri?
   ……Sì, ce ne sono tre. Tutti sono statunitensi.
4. Quanti fratelli siete?
   ……Siamo in quattro. Ho due sorelle maggiori e un fratello maggiore.
5. Quante volte alla settimana giochi a tennis?
   ……Circa due volte.
6. Sig. Tanaka, per quanto tempo ha studiato lo spagnolo?
   ……L'ho studiato per tre mesi.
   Solo per tre mesi? Lei è davvero bravo.
7. Quanto tempo ci vuole da Osaka a Tokyo con lo Shinkansen?
   ……Ci vogliono due ore e mezzo.

Conversazione

Questo, per favore

Portiere:	Che bel tempo vero? Va da qualche parte?
Wang:	Sì, vado un attimo all'ufficio postale.
Portiere:	Ah, ho capito. A dopo.
Wang:	A dopo.

…………………………………………………

Wang:	Vorrei spedire questo in Australia.
Personale dell'ufficio postale:	Sì. Via mare o via aerea?
Wang:	Quanto costa per via aerea?
Personale dell'ufficio postale:	Sono 7.600 yen.
Wang:	E per via mare?
Personale dell'ufficio postale:	3.450 yen.
Wang:	Quanto tempo ci mette?
Personale dell'ufficio postale:	Circa sette giorni per via aerea, due mesi per via mare.
Wang:	Allora, per via mare, per favore.

III. Parole e informazioni utili

メニュー   Menu

ていしょく 定食	menu fisso
ランチ	pranzo (in stile occidentale)
てん 天どん	ciotola di riso bianco con tempura
おやこ 親子どん	ciotola di riso bianco con uova e pollo
ぎゅう 牛どん	ciotola di riso bianco con carne di manzo
や にく 焼き肉	carne alla griglia
やさい 野菜いため	verdure saltate
つけもの 漬物	ortaggi in salamoia
しる みそ汁	zuppa di miso
おにぎり	polpetta di riso ripiena
てんぷら	tempura (pesce o verdure fritte in pastella)
すし	sushi
うどん	spaghetti giapponesi
そば	spaghetti giapponesi di grano saraceno
ラーメン	spaghetti cinesi in brodo con carne e verdure
や 焼きそば	spaghetti cinesi saltati con carne e verdure
この や お好み焼き	una specie di pancake con cavolo, carne e pesce

カレーライス	riso al curry
ハンバーグ	hamburger (solo la carne)
コロッケ	crocchetta
えびフライ	gamberone fritto
フライドチキン	pollo fritto
サラダ	insalata
スープ	zuppa
スパゲッティ	spaghetti
ピザ	pizza
ハンバーガー	hamburger (panino)
サンドイッチ	tramezzino
トースト	toast
コーヒー	caffè (lungo)
こうちゃ 紅茶	tè nero
ココア	cioccolata
ジュース	succo di frutta
コーラ	coca-cola

IV. Note grammaticali

1. Numeri e quantità

1) Le parole ひとつ, ふたつ, ... とお sono utilizzate per contare le cose da 1 a 10. I numeri così come sono vengono utilizzati per contare da 11 in su.

2) I classificatori
   Quando si contano persone e cose, nel momento in cui se ne indica la quantità si deve utilizzare il classificatore idoneo a seconda della cosa contata. Questi classificatori vanno dopo il numerale.

〜人	Numero di persone. Attenzione: 1人 si legge ひとり, 2人 si legge ふたり, e 4人 si legge よにん.
〜台	macchine e veicoli
〜枚	cose piatte e sottili come fogli, camicie, piatti, CD, etc.
〜回	numero di volte
〜分	minuti
〜時間	ore
〜日	giorni (si contano come i giorni del mese, ma 1日 nel senso di "un giorno" si pronuncia いちにち, nel senso di "primo giorno del mese" si pronuncia ついたち)
〜週間	settimane
〜か月	mesi
〜年	anni

2. Come usare i quantificatori

1) I quantificatori (numero + classificatore) in generale seguono direttamente il nome + la particella che devono quantificare. Attenzione: questo non è sempre il caso della durata del tempo.

   ① りんごを 4つ 買いました。　　Ho comprato 4 mele.
   ② 外国人の 学生が 2人 います。　Ci sono due studenti stranieri.
   ③ 国で 2か月 日本語を 勉強しました。
   　　Nel mio paese ho studiato giapponese per 2 mesi.

2) Chiedere una quantità
   (1) いくつ
   La parola いくつ viene utilizzata per chiedere quanti oggetti ci sono, secondo il metodo spiegato in 1-1).

   ④ みかんを いくつ 買いましたか。　Quanti mandarini hai comprato?
   　……8つ 買いました。　　　　　……Ne ho comprati 8.

(2) なん + classificatore

Quando si chiede il numero di qualcosa che ha un classificatore come in 1-2), basta usare なん + classificatore.

⑤ この 会社に 外国人が 何人 いますか。
　　……5人 います。

　　Quanti stranieri ci sono in questa ditta?
　　……Ce ne sono 5.

⑥ 毎晩 何時間 日本語を 勉強しますか。
　　……2時間 勉強します。

　　Ogni sera quante ore studi giapponese?
　　……Lo studio 2 ore.

(3) どのくらい

どのくらい si utilizza per chiedere quanto tempo richiede qualcosa.

⑦ どのくらい 日本語を 勉強しましたか。
　　……3年 勉強しました。

　　Per quanto tempo hai studiato giapponese?
　　……Ho studiato per 3 anni.

⑧ 大阪から 東京まで どのくらい かかりますか。
　　……新幹線で 2時間半 かかります。

　　Quanto tempo ci vuole da Osaka a Tokyo?
　　……In Shinkansen ci vogliono due ore e mezzo.

3) ～ぐらい

ぐらい si aggiunge ai quantificatori per dire "all'incirca".

⑨ 学校に 先生が 30人ぐらい います。

　　Nella scuola ci sono circa 30 insegnanti.

⑩ 15分ぐらい かかります。　　　　　Ci vogliono circa 15 minuti.

3. Quantificatore(periodo di tempo)に －回 V

Questa espressione indica la frequenza.

⑪ 1か月に 2回 映画を 見ます。　　　Vedo film due volte al mese.

4. Quantificatore だけ／N だけ

だけ significa "solo". Si aggiunge dopo i quantificatori o i nomi per indicare che non ce ne sono altri.

⑫ パワー電気に 外国人の 社員が 1人だけ います。

　　Alla Power Denki c'è solo un impiegato straniero.

⑬ 休みは 日曜日だけです。　　　　　Il giorno di riposo è solo la domenica.

Lezione 12

I. Vocaboli

かんたん[な]	簡単[な]	facile, semplice
ちかい	近い	vicino
とおい *	遠い	lontano
はやい	速い、早い	veloce, presto
おそい *	遅い	lento, tardi
おおい [ひとが〜]	多い [人が〜]	molte, numerose [persone]
すくない * [ひとが〜]	少ない [人が〜]	poche [persone]
あたたかい	暖かい、温かい	mite, caldo
すずしい	涼しい	fresco
あまい	甘い	dolce
からい	辛い	piccante
おもい	重い	pesante
かるい *	軽い	leggero
いい [コーヒーが〜]		preferisco, meglio [il caffè]
きせつ	季節	stagione
はる	春	primavera
なつ	夏	estate
あき	秋	autunno
ふゆ	冬	inverno
てんき	天気	tempo (atmosferico)
あめ	雨	pioggia
ゆき	雪	neve
くもり	曇り	nuvoloso
ホテル		albergo, hotel
くうこう	空港	aeroporto
うみ	海	mare
せかい	世界	mondo
パーティー		festa (〜を します: fare una festa)
[お]まつり	[お]祭り	festival, sagra, festività religiosa

すきやき*	すき焼き	sukiyaki (pietanza di manzo e verdure bollite)
さしみ*	刺身	sashimi (pietanza di pesce crudo tagliato)
[お]すし		sushi (pietanza di pesce crudo su riso all'aceto)
てんぷら		tempura (fritto di pesce e verdure in pastella)
ぶたにく*	豚肉	carne di maiale
とりにく	とり肉	carne di pollo
ぎゅうにく	牛肉	carne di manzo
レモン		limone
いけばな	生け花	arte della disposizione dei fiori recisi (〜を します: fare l'ikebana)
もみじ	紅葉	acero, foglie rosse d'autunno
どちら		quale (tra due)
どちらも		entrambi
いちばん		il più/la più
ずっと		molto più
はじめて	初めて	per la prima volta

〈会話〉

ただいま。	Eccomi a casa. (Saluto di chi torna a casa)
お帰りなさい。	Bentornato. (Risposta di chi è in casa)
わあ、すごい 人ですね。	Accidenti, ci sono tantissime persone, eh.
疲れました。	Che fatica./Mi sono stancato.

祇園祭	il festival più famoso di Kyoto
ホンコン	Hong Kong (香港)
シンガポール	Singapore
ABCストア	nome di un supermercato (nome fittizio)
ジャパン	nome di un supermercato (nome fittizio)

12

II. Traduzione

Frasi modello
1. Ieri pioveva.
2. Ieri faceva freddo.
3. Lo Hokkaido è più grande del Kyushu.
4. A me l'estate [è la stagione che] piace di più di tutto l'anno.

Frasi di esempio
1. Kyoto era tranquilla?
   ……No, non era tranquilla.
2. Il viaggio è stato divertente?
   ……Sì, è stato divertente.
   Il tempo è stato bello?
   ……No, non è stato molto bello.
3. Com'era la festa di ieri?
   ……Era molto animata. Ho incontrato varie persone.
4. New York è più fredda di Osaka?
   ……Sì, è molto più fredda.
5. Per l'aeroporto qual è più veloce tra autobus e treno?
   ……È più veloce il treno.
6. Quale preferisci tra mare e montagna?
   ……Mi piacciono tutti e due.
7. Dei piatti giapponesi quale ti piace più di tutti?
   ……Il tempura è il mio preferito.

Conversazione

Com'è stato il festival di Gion?

Miller:	Eccomi, sono tornato.
Portiere:	Bentornato.
Miller:	Questo è un souvenir di Kyoto.
Portiere:	Grazie.
	Com'è stato il festival di Gion?
Miller:	Interessante.
	C'era molta gente.
Portiere:	Il festival di Gion è il più famoso tra i festival di Kyoto.
Miller:	Davvero?
	Ho fatto tante foto. Sono queste.
Portiere:	Accidenti, c'erano tantissime persone, eh.
Miller:	Sì, mi sono un po' stancato.

III. Parole e informazioni utili

祭りと名所　Festival e luoghi famosi

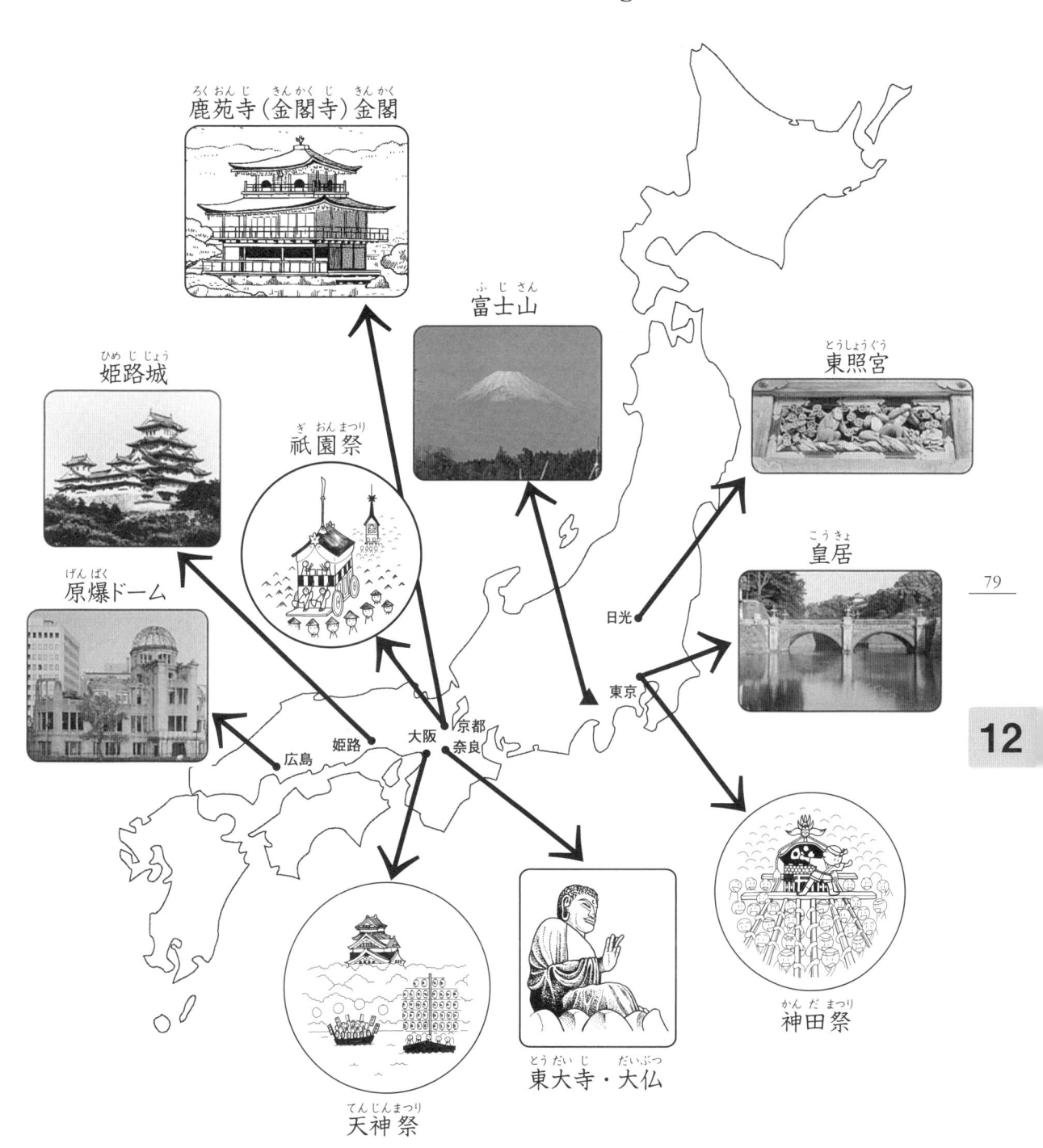

- 鹿苑寺（金閣寺）金閣
- 姫路城
- 富士山
- 東照宮
- 祇園祭
- 原爆ドーム
- 皇居
- 日光
- 東京
- 広島
- 姫路
- 大阪
- 京都
- 奈良
- 天神祭
- 東大寺・大仏
- 神田祭

IV. Note grammaticali

1. Tempo e forma affermativa/negativa delle frasi nominali e con aggettivo- な

	Non-passato (presente/futuro)	Passato
Affermativo	N / Agg- な　あめ / しずか｝です	N / Agg- な　あめ / しずか｝でした
Negativo	N / Agg- な　あめ / しずか｝じゃ ありません (では)	N / Agg- な　あめ / しずか｝じゃ ありませんでした (では)

① きのうは 雨でした。　　Ieri pioveva.

② きのうの 試験は 簡単じゃ ありませんでした。
　　L'esame di ieri non era facile.

2. Tempo e forma affermativa/negativa delle frasi con aggettivo- い

	Non-passato (presente/futuro)	Passato
Affermativo	あついです	あつかったです
Negativo	あつくないです	あつくなかったです

③ きのうは 暑かったです。　　Ieri era caldo.

④ きのうの パーティーは あまり 楽しくなかったです。
　　La festa di ieri non è stata molto divertente.

3. $\boxed{N_1 \text{ は } N_2 \text{ より Agg です}}$

Questa frase indica le qualità e la condizione di N_1 comparandolo a N_2.

⑤ この 車は あの 車より 大きいです。
　　Quest'auto è più grande di quella.

4. $\boxed{\begin{array}{l} N_1 \text{ と } N_2 \text{ と どちらが Agg ですか} \\ \cdots\cdots N_1 / N_2 \text{ の ほうが Agg です} \end{array}}$

Quando si confrontano due termini, non importa che cosa siano, si utilizza sempre l'interrogativa どちら.

⑥ サッカーと 野球と どちらが おもしろいですか。
　　……サッカーの ほうが おもしろいです。
　　Tra calcio e baseball, quale è più interessante?
　　……Il calcio è più interessante.

⑦ ミラーさんと サントスさんと どちらが テニスが 上手ですか。
　　Tra il sig. Miller e il sig. Santos, chi è più bravo a tennis?

⑧ 北海道と 大阪と どちらが 涼しいですか。
　　Tra Hokkaido e Osaka, quale è più fresca?

⑨ 春と 秋と どちらが 好きですか。
　　Quale ti piace di più tra primavera e autunno?

5.
$$N_1[の 中]で \begin{Bmatrix} 何 \\ どこ \\ だれ \\ いつ \end{Bmatrix} が いちばん \text{ Agg } ですか$$
$$\cdots\cdots N_2 が いちばん \text{ Agg } です$$

で indica un raggio di possibilità. Questa struttura di domanda si usa per chiedere all'interlocutore di scegliere, da un gruppo o una categoria data N_1, una cosa, un posto, una persona, un momento, etc. che riporta al massimo grado la caratteristica espressa dall'aggettivo. Il pronome interrogativo usato dipende dal tipo di categoria dalla quale si effettua la scelta.

⑩ 日本料理[の 中]で 何が いちばん おいしいですか。
　　……てんぷらが いちばん おいしいです。
　　Qual è il piatto più buono tra quelli della cucina giapponese?
　　……Il tempura è il più buono.

⑪ ヨーロッパで どこが いちばん よかったですか。
　　……スイスが いちばん よかったです。
　　Qual è stato il posto migliore in Europa?
　　……La Svizzera è stato il posto migliore.

⑫ 家族で だれが いちばん 背が 高いですか。
　　…… 弟 が いちばん 背が 高いです。
　　Nella tua famiglia, chi è il più alto?
　　……Mio fratello minore è il più alto. (L.16)

⑬ 1年で いつが いちばん 寒いですか。
　　……2月が いちばん 寒いです。
　　Durante l'anno quand'è che fa più freddo?
　　……Febbraio è il [mese] più freddo.

[Nota] La particella が è attaccata a una interrogativa anche in una domanda riguardo una frase aggettivale (vedi Lezione 10).

6. Agg の （**nome sostituito con** の）

Nella Lezione 2, abbiamo visto l'uso di の nella forma N_1 の per sostituire un nome menzionato in precedenza. Il の nella frase あついの che compare nelle frasi d'esempio di questa Lezione sostituisce un nome in maniera simile, con la forma Agg の.

⑭ カリナさんの かばんは どれですか。　　Qual è la borsa della sig.na Karina?
　　……あの 赤くて、大きいのです。　　……È quella lì rossa e grande.

(L.16)

Lezione 13

I. Vocaboli

あそびます	遊びます	giocare, divertirsi
およぎます	泳ぎます	nuotare
むかえます	迎えます	accogliere (qualcuno)
つかれます	疲れます	stancarsi (quando si è stanchi lo si esprime nella forma つかれました)
けっこんします	結婚します	sposarsi
かいものします	買い物します	fare shopping, fare la spesa
しょくじします	食事します	fare un pasto
さんぽします ［こうえんを～］	散歩します［公園を～］	fare una passeggiata [per il parco]
たいへん［な］	大変［な］	faticoso, pesante
ほしい	欲しい	volere (qualcosa), avere voglia di (qualcosa)
ひろい	広い	ampio, spazioso
せまい	狭い	stretto, angusto
プール		piscina
かわ	川	fiume
びじゅつ	美術	belle arti
つり	釣り	pesca (～を します: pescare)
スキー		sci (～を します: sciare)
しゅうまつ	週末	fine settimana
［お］しょうがつ	［お］正月	Capodanno
～ごろ		verso le (orario)
なにか	何か	qualcosa
どこか		da qualche parte

〈練習C〉

のどが かわきます	avere sete (quando si vuole dire che si ha sete si usa のどが かわきました)
おなかが すきます	avere fame (quando si vuole dire che si ha fame si usa おなかが すきました)
そう しましょう。	Va bene, facciamo così. (Si usa quando si è d'accordo sulla proposta dell'interlocutore)

〈会話〉

ご注文は?	Volete ordinare?
定食	menu fisso
牛どん	gyudon (ciotola di riso bianco con carne di manzo)
[少々] お待ち ください。	Attenda [un attimo] per favore.
〜で ございます。	(Forma cortese di です)
別々に	separatamente

アキックス	nome di un'azienda (nome fittizio)
おはようテレビ	nome di un programma TV (nome fittizio)

II. Traduzione

Frasi modello
1. Voglio un'automobile.
2. Voglio mangiare del sushi.
3. Vado a imparare la cucina in Francia.

Frasi di esempio
1. Qual è la cosa che vorresti di più ora?
   ······Vorrei un nuovo cellulare.
2. Dove vuoi andare per le vacanze estive?
   ······Voglio andare a Okinawa.
3. Oggi non voglio fare niente, perché sono stanco.
   ······Eh, sì. La riunione di oggi è stata dura.
4. Cosa fai nel week-end?
   ······Andrò con mio figlio a Kobe a vedere le navi.
5. Cosa sei venuto a studiare in Giappone?
   ······Sono venuto a studiare l'arte.
6. Sei andato da qualche parte per le vacanze invernali?
   ······Sì, sono andato a sciare in Hokkaido.

Conversazione

Ci faccia separati, per favore

Yamada:	Sono già le 12:00. Andiamo a pranzo?
Miller:	Sì.
Yamada:	Dove andiamo?
Miller:	Beh, oggi vorrei mangiare cucina giapponese.
Yamada:	Allora andiamo da Tsuruya.
	··
Cameriera:	Volete ordinare?
Miller:	Per me un menu del giorno di tempura.
Yamada:	Per me un gyudon.
Cameriera:	Un menu del giorno di tempura e un gyudon. Un attimo prego.
	··
Cassiera:	Sono 1.680 yen.
Miller:	Scusi, ci faccia il conto separato.
Cassiera:	Certo. Il menu del giorno di tempura sono 980 yen, il gyudon sono 700 yen.

III. Parole e informazioni utili

町の中 （まちのなか） In città

博物館 （はくぶつかん）	museo (archeologico, scientifico, etc.)	市役所 （しやくしょ）	municipio
美術館 （びじゅつかん）	museo d'arte	警察署 （けいさつしょ）	questura
図書館 （としょかん）	biblioteca	交番 （こうばん）	posto di polizia
映画館 （えいがかん）	cinema	消防署 （しょうぼうしょ）	caserma dei vigili del fuoco
動物園 （どうぶつえん）	zoo	駐車場 （ちゅうしゃじょう）	parcheggio
植物園 （しょくぶつえん）	giardino botanico	大学 （だいがく）	università
遊園地 （ゆうえんち）	luna-park, parco dei divertimenti	高校 （こうこう）	liceo, scuola superiore
		中学校 （ちゅうがっこう）	scuola media
		小学校 （しょうがっこう）	scuola elementare
お寺 （てら）	tempio buddista	幼稚園 （ようちえん）	scuola materna, asilo
神社 （じんじゃ）	santuario scintoista		
教会 （きょうかい）	chiesa	肉屋 （にくや）	macelleria
モスク	moschea	パン屋 （や）	panetteria, forno
		魚屋 （さかなや）	pescheria
体育館 （たいいくかん）	palestra	酒屋 （さかや）	negozio di bevande alcoliche
プール	piscina	八百屋 （やおや）	ortolano
公園 （こうえん）	giardino pubblico, parco		
		喫茶店 （きっさてん）	bar, caffè
大使館 （たいしかん）	ambasciata	コンビニ	mini-market aperto 24 ore su 24
入国管理局 （にゅうこくかんりきょく）	Ufficio Immigrazione	スーパー	supermercato
		デパート	grande magazzino

13

IV. Note grammaticali

1. N が 欲しいです

ほしい è un aggettivo-い e il suo oggetto è indicato da が.

① わたしは 友達が 欲しいです。　　　Io vorrei degli amici.
② 今 何が いちばん 欲しいですか。　　Che cos'è che vorresti di più ora?
　……車が 欲しいです。　　　　　　　……Voglio un'automobile.
③ 子どもが 欲しいですか。　　　　　Vuoi avere figli?
　……いいえ、欲しくないです。　　　……No, non li voglio.

2. V(forma-ます)たいです

1) Il verbo in forma-ます

La forma che un verbo prende quando è seguito da ます (es. il かい di かいます) si dice forma-ます.

2) V(forma-ます) たいです

La costruzione V(forma-ます) たいです è utilizzata per esprimere il desiderio del parlante di fare qualcosa. L'oggetto di ～たい può essere indicato sia dalla particella を che dalla particella が. ～たい si declina allo stesso modo degli Agg-い.

④ わたしは 沖縄へ 行きたいです。　　　Io voglio andare a Okinawa.
⑤ わたしは てんぷらを 食べたいです。　Io voglio mangiare del tempura.
　　　　　　　　(が)
⑥ 神戸で 何を 買いたいですか。　　　　Cosa vuoi comprare a Kobe?
　　　　　　(が)
　……靴を 買いたいです。　　　　　　……Voglio comprare delle scarpe.
　　　(が)
⑦ おなかが 痛いですから、何も 食べたくないです。
　　Siccome mi fa male la pancia, non voglio mangiare nulla. (L.17)

[Nota 1] ほしいです e たいです possono essere usati solo in relazione a quello che vuole il parlante o il suo diretto interlocutore, ma mai in relazione ai desideri di una terza persona.

[Nota 2] Né ほしいですか né V(forma-ます) たいですか dovrebbero essere usati per offrire qualcosa a qualcuno o invitare qualcuno a fare qualcosa. Per esempio コーヒーが ほしいですか, コーヒーが のみたいですか non sono modi appropriati di chiedere a qualcuno se vuole una tazza di caffè. In questo caso è meglio utilizzare espressioni come コーヒーは いかがですか, コーヒーを のみませんか.

3. $\boxed{\text{N (luogo) へ} \begin{Bmatrix} \text{V (forma- ます)} \\ \text{N} \end{Bmatrix} \text{に 行きます／来ます／帰ります}}$

L'obiettivo di verbi come いきます, きます, かえります si indica con に.

⑧ 神戸へ インド料理を 食べに 行きます。
　　Vado a Kobe a mangiare cucina indiana.

Quando il verbo prima di に è N します (es. かいものします, べんきょうします) oppure N を します (es. おはなみを します, つりを します) si usa la forma N に いきます／きます／かえります.

⑨ 神戸へ 買い物に 行きます。　　　Vado a (fare) compere a Kobe.
⑩ 日本へ 美術の 勉強に 来ました。
　　Sono venuto in Giappone per lo studio dell'arte.

[Nota] Quando un nome che denota un evento come un festival o un concerto compare prima di に lo scopo dell'azione si intende essere vedere il festival, ascoltare il concerto, etc.

⑪ あした 京都の お祭りに 行きます。　Domani vado a un festival a Kyoto.

4. $\boxed{\text{どこか／何か}}$

どこか significa "da qualche parte" e なにか significa "qualche cosa". Le particelle へ e を che seguono どこか e なにか possono essere omesse.

⑫ 冬休みは どこか［へ］行きましたか。
　　……はい。北海道へ スキーに 行きました。
　　Sei andato da qualche parte per le vacanze invernali?
　　……Sì. Sono andato a sciare in Hokkaido.

[Nota] は può essere aggiunto a una parola che esprime tempo per farne il tema della frase.

⑬ のどが かわきましたから、何か［を］飲みたいです。
　　Ho sete. Vorrei bere qualcosa.

5. $\boxed{\text{ご～}}$

ご indica rispetto.

⑭ ご注文は？　　　　　　　　　　Posso prendere la sua ordinazione?

Lezione 14

I. Vocaboli

つけますⅡ		accendere
けしますⅠ	消します	spegnere
あけますⅡ	開けます	aprire
しめますⅡ	閉めます	chiudere
いそぎますⅠ	急ぎます	affrettarsi, essere di fretta
まちますⅠ	待ちます	aspettare
もちますⅠ	持ちます	portare, prendere in mano
とりますⅠ	取ります	prendere
てつだいますⅠ	手伝います	aiutare（qualcuno a fare qualcosa）
よびますⅠ	呼びます	chiamare
はなしますⅠ	話します	parlare
つかいますⅠ	使います	usare
とめますⅡ	止めます	fermare, parcheggiare
みせますⅡ	見せます	mostrare, far vedere
おしえますⅡ ［じゅうしょを～］	教えます［住所を～］	dare [un indirizzo]
すわりますⅠ	座ります	sedersi
たちますⅠ*	立ちます	alzarsi in piedi
はいりますⅠ ［きっさてんに～］	入ります［喫茶店に～］	entrare [al bar]
でますⅡ* ［きっさてんを～］	出ます［喫茶店を～］	uscire [dal bar]
ふりますⅠ ［あめが～］	降ります［雨が～］	piovere [pioggia]
コピーしますⅢ		fare fotocopie
でんき	電気	luce（elettrica）, elettricità
エアコン		condizionatore d'aria
パスポート		passaporto
なまえ	名前	nome
じゅうしょ	住所	indirizzo
ちず	地図	pianta, mappa, carta geografica
しお	塩	sale
さとう	砂糖	zucchero

もんだい	問題	problema
こたえ	答え	risposta, soluzione
よみかた	読み方	lettura, modo di leggere
～かた	～方	modo di ～
まっすぐ		a diritto, dritto
ゆっくり		lentamente, con calma
すぐ		subito, immediatamente
また		di nuovo, ancora
あとで		dopo
もう すこし	もう 少し	ancora un po'
もう ～		ancora ～

〈練習C〉

さあ	Dai (Si usa per incitare l'interlocutore a fare qualcosa)
あれ？	Eh?! (Esclamazione di stupore)

〈会話〉

信号を 右へ 曲がって ください。	Giri a destra al semaforo.
これで お願いします。	Ecco, per cortesia. (Quando si chiede un favore porgendo qualcosa)
お釣り	resto

みどり町	nome di una città (nome fittizio)

II. Traduzione

Frasi modello
1. Per favore aspetti un attimo.
2. Vuole che le porti il suo bagaglio?
3. Il sig. Miller adesso sta telefonando.

Frasi di esempio
1. Per favore scriva il suo nome con la penna [a sfera].
   ……Ah, ho capito.
2. Mi scusi, mi dica la lettura di questo kanji per favore.
   ……È "jusho".
3. Fa caldo vero? Apriamo la finestra?.
   ……Sì, per favore.
4. Vuole che venga a prenderla?
   ……Non importa grazie. Vengo in taxi.
5. Dov'è la sig.na Sato?
   ……Adesso sta parlando con il sig. Matsumoto in sala riunioni.
   Allora, ritornerò più tardi.
6. Sta piovendo?
   ……No, non sta piovendo.

Conversazione

Midoricho, per favore

Karina:	Midoricho, per favore.
Autista:	Bene.
	…………………………………………………
Karina:	Scusi, giri a destra a quel semaforo per favore.
Autista:	A destra, giusto?
Karina:	Sì.
	…………………………………………………
Autista:	Vado diritto?
Karina:	Sì, vada diritto per favore.
	…………………………………………………
Karina:	Per favore, si fermi davanti a quel fioraio.
Autista:	Sì.
	Sono 1.800 yen.
Karina:	Ecco a lei.
Autista:	Ecco, sono 3.200 yen di resto. Grazie.

III. Parole e informazioni utili

駅 (えき)　　Alla stazione

切符売り場 (きっぷうりば)	biglietteria	特急 (とっきゅう)	treno ad alta velocità
自動券売機 (じどうけんばいき)	biglietteria automatica	急行 (きゅうこう)	espresso
精算機 (せいさんき)	macchina per la correzione della tariffa	快速 (かいそく)	rapido
		準急 (じゅんきゅう)	semi-espresso
改札口 (かいさつぐち)	tornelli, posto di controllo biglietti	普通 (ふつう)	treno locale
出口 (でぐち)	uscita	時刻表 (じこくひょう)	tabella dell'orario
入口 (いりぐち)	entrata	～発 (はつ)	in partenza ～
東口 (ひがしぐち)	uscita est	～着 (ちゃく)	in arrivo ～
西口 (にしぐち)	uscita ovest	[東京]行き (とうきょういき)	per [Tokyo]
南口 (みなみぐち)	uscita sud		
北口 (きたぐち)	uscita nord	定期券 (ていきけん)	abbonamento
中央口 (ちゅうおうぐち)	uscita centrale	回数券 (かいすうけん)	carnet biglietti
		片道 (かたみち)	solo andata
[プラット]ホーム	binario (piattaforma)	往復 (おうふく)	andata e ritorno
売店 (ばいてん)	chiosco		
コインロッカー	armadietto a gettoni		
タクシー乗り場 (のりば)	parcheggio dei taxi		
バスターミナル	bus terminal		
バス停 (てい)	fermata dell'autobus		

14

IV. Note grammaticali

1. Gruppi di verbi

I verbi giapponesi sono coniugabili, e aggiungendo alla forma coniugata del verbo determinate proposizioni è possibile ottenere periodi di vario significato. I verbi si classificano in tre gruppi in base alla loro coniugazione.

1) Gruppo I
In tutti i verbi di questo gruppo l'ultimo suono della forma- ます è un suono della colonna い. Es. か<u>き</u>ます (scrivere), の<u>み</u>ます (bere)

2) Gruppo II
Nella maggior parte dei verbi di questo gruppo, l'ultimo suono della forma- ます è un suono della colonna え, (es. た<u>べ</u>ます (mangiare), み<u>せ</u>ます (mostrare)) ma in una parte di questi verbi il suono è della colonna い (es. <u>み</u>ます (vedere)).

3) Gruppo III
I verbi di questo gruppo includono します e "nomi che indicano azioni + します", oltre a きます.

2. V forma- て

Si chiama forma- て del verbo quella che finisce in て o で. Il metodo con cui si ricava la forma- て partendo dalla forma- ます varia da gruppo a gruppo, ed è descritto qui sotto (vedi anche Lezione 14 Esercizi A1 del volume principale).

1) Verbi Gruppo I
   (1) Quando l'ultimo suono della forma- ます è い, ち o り, si toglie い, ち e り e si aggiunge って. Es. か<u>い</u>ます → かって comprare
       ま<u>ち</u>ます → まって aspettare   かえ<u>り</u>ます → かえって tornare a casa
   (2) Quando l'ultimo suono della forma- ます è み, び o に si toglie み, び e に e si aggiunge んで. Es. の<u>み</u>ます → のんで bere
       よ<u>び</u>ます → よんで chiamare   し<u>に</u>ます → しんで morire
   (3) Quando l'ultimo suono della forma- ます è き, ぎ si toglie き, ぎ e si aggiungono rispettivamente いて e いで.
       Es. か<u>き</u>ます → かいて scrivere
           いそ<u>ぎ</u>ます → いそいで essere di fretta
       Il verbo いきます (andare), fa eccezione, e diventa いって.
   (4) Quando l'ultimo suono della forma - ます è し si aggiunge て alla forma - ます.
       Es. か<u>し</u>ます → かして prestare

2) Verbi Gruppo II
Si aggiunge て alla forma - ます. Es. た<u>べ</u>ます → たべて mangiare
み<u>せ</u>ます → みせて mostrare   <u>み</u>ます → みて vedere

3) Verbi Gruppo III
Si aggiunge て alla forma - ます. Es. きます → きて venire
します → して fare   さんぽします → さんぽして passeggiare

3. V forma- て ください   Per favore...

Questa forma si usa per fare richieste, dare indicazioni, o suggerire qualcosa all'interlocutore. Nel caso delle richieste, non è una forma particolarmente educata, per questo viene utilizzata insieme a すみませんが come mostrato in ①.

① すみませんが、この 漢字の 読み方を 教えて ください。
　　　Mi scusi, mi dica la lettura di questo kanji per favore. (Richiesta)
② ボールペンで 名前を 書いて ください。
　　　Per favore scriva il suo nome con la penna [a sfera]. (Indicazione)
③ どうぞ たくさん 食べて ください。
　　　Prego, mangiatene quanto volete (lett. mangiate tanto). (Invito)

4. V forma- て います

Questa forma esprime il progresso e la continuazione di una certa azione.

④ ミラーさんは 今 電話を かけて います。
　　　Il sig. Miller adesso sta telefonando.
⑤ 今 雨が 降って いますか。　　　　　　　　Sta piovendo adesso?
　　……はい、降って います。　　　　　　　……Sì, sta piovendo.
　　……いいえ、降って いません。　　　　　……No, non sta piovendo.

5. V（forma- ます）ましょうか　　Vuole che (faccia...)

Questa forma si usa quando il parlante si offre di fare qualcosa per l'interlocutore.

⑥ あしたも 来ましょうか。　　　　　　　　Vengo anche domani?
　　……ええ、10時に 来て ください。　　……Eh sì, venga alle 10 per favore.
⑦ 傘を 貸しましょうか。
　　……すみません。お願いします。
　　　Le presto un ombrello?
　　……Grazie (lett. mi scusi), la prego [di prestarmelo].
⑧ 荷物を 持ちましょうか。　　　　　　　　Le porto il bagaglio?
　　……いいえ、けっこうです。　　　　　　……No, grazie, va bene così.

6. N が V

Quando si descrive un fenomeno percepibile attraverso i cinque sensi (vista, udito, etc.), o quando si racconta oggettivamente un evento, il soggetto del verbo è indicato con が.

⑨ 雨が 降って います。　　　　　　　　　Sta piovendo.
⑩ ミラーさんが いませんね。　　　　　　　Non c'è il sig. Miller, vero?

7. すみませんが

⑪ すみませんが、塩を 取って ください。　　Scusa, mi prendi il sale per favore.
⑫ 失礼ですが、お名前は？　　　　　　　　　Mi perdoni, lei è...?

Il が utilizzato in composti come すみませんが, しつれいですが non ha valore avversativo (ma), ma si usa come semplice preambolo alla frase successiva.

Lezione 15

I. Vocaboli

おきます I	置きます	posare, lasciare, porre
つくります I	作ります、造ります	fare, costruire, creare
うります I	売ります	vendere
しります I	知ります	sapere, conoscere
すみます I	住みます	vivere, abitare
けんきゅうします III	研究します	fare ricerca
しりょう	資料	documento, dati
カタログ		catalogo
じこくひょう	時刻表	tabella degli orari (treno, autobus, etc.)
ふく	服	vestito
せいひん	製品	prodotto
ソフト		software
でんしじしょ	電子辞書	dizionario elettronico
けいざい	経済	economia
しやくしょ	市役所	municipio, comune
こうこう	高校	liceo, scuola superiore
はいしゃ	歯医者	dentista, studio dentistico
どくしん	独身	celibe, nubile
すみません		Mi scusi.

〈練習C〉
皆さん   signore e signori, tutti (i presenti)

〈会話〉
思い出しますI   ricordare
いらっしゃいますI   esserci, trovarsi (forma onorifica di います)

日本橋   quartiere dello shopping di Osaka

みんなの インタビュー   nome di programma televisivo (nome fittizio)

II. Traduzione

Frasi modello
1. Posso fare una foto?
2. Il sig. Santos ha un dizionario elettronico.

Frasi di esempio
1. Posso prendere questo catalogo?
   ……Certamente, prego.
2. Posso prendere in prestito questo dizionario?
   ……Mi spiace, questo... Adesso lo sto usando io.
3. Qui non si può giocare.
   ……Ho capito.
4. Lo sai il numero di telefono dell'ufficio del Comune?
   ……No, non lo so.
5. Dove abita la sig.ra Maria?
   ……Abita ad Osaka.
6. Il sig. Wang è celibe?
   ……No, è sposato.
7. Che lavoro fa?
   ……Sono un insegnante. Insegno in un liceo.

Conversazione

La sua famiglia?

Kimura: Era un bel film, vero?
Miller: Eh, sì. Mi ha ricordato la mia famiglia.
Kimura: Ah, sì? La sua famiglia [com'è composta]?
Miller: Ci sono i miei genitori e mia sorella maggiore.
Kimura: Dove stanno?
Miller: I miei abitano vicino a New York.
   Mia sorella lavora a Londra.
   E la sua famiglia, sig.na Kimura?
Kimura: Siamo in tre. Mio padre è impiegato in banca.
   Mia madre insegna l'inglese in un liceo.

III. Parole e informazioni utili

職業　Professioni
しょくぎょう

会社員 (かいしゃいん) impiegato, dipendente di un'azienda	公務員 (こうむいん) dipendente pubblico	駅員 (えきいん) ferroviere, impiegato della stazione	銀行員 (ぎんこういん) bancario, impiegato in banca	郵便局員 (ゆうびんきょくいん) impiegato delle poste, postino
店員 (てんいん) commesso	調理師 (ちょうりし) cuoco	理容師 (りようし) barbiere / 美容師 (びようし) parrucchiere	教師 (きょうし) insegnante	弁護士 (べんごし) avvocato
研究者 (けんきゅうしゃ) ricercatore	医者 (いしゃ) / 看護師 (かんごし) medico/infermiere	運転手 (うんてんしゅ) autista	警察官 (けいさつかん) poliziotto	外交官 (がいこうかん) diplomatico
政治家 (せいじか) politico	画家 (がか) pittore	作家 (さっか) scrittore	音楽家 (おんがくか) musicista	建築家 (けんちくか) architetto
エンジニア ingegnere	デザイナー designer, stilista	ジャーナリスト giornalista	歌手 (かしゅ) / 俳優 (はいゆう) cantante/attore	スポーツ選手 (せんしゅ) atleta

IV. Note grammaticali

1. V forma- ても いいですか   Posso fare...?/Va bene anche se...?

Questo è il modo più comune di chiedere il permesso per fare qualcosa.

① 写真を 撮っても いいですか。   Posso farle una foto?

La risposta a questo tipo di domanda può essere di due tipi, come indicato da ② e ③. In particolare, in caso di permesso negato, è possibile rispondere in maniera morbida (apologetica) come in ②, oppure utilizzando una formula di divieto come in ③. In entrambi i casi è frequente aggiungere la motivazione del mancato permesso.

② ここで たばこを 吸っても いいですか。   Si può fumare qui?
……ええ、[吸っても] いいですよ。   ……Certo, va bene [fumare]
……すみません、ちょっと……。 のどが 痛いですから。
……Mi scusi, ma... è che ho mal di gola. (L.17)

③ ここで たばこを 吸っても いいですか。   Si può fumare qui?
……ええ、[吸っても] いいですよ。   ……Certo, va bene [fumare]
……いいえ、[吸っては] いけません。禁煙ですから。
……No, non si può [fumare]. Perché è vietato fumare.

2. V forma- ては いけません   Non si può.../Non si deve...

Questa è un'espressione di divieto.

④ ここで たばこを 吸っては いけません。禁煙ですから。

Qui non si può fumare. Perché è vietato [fumare].

Questa espressione non può essere usata da persone di status basso verso i superiori (es. studente a professore, etc.).

3. V forma- て います

Oltre al senso di azione continuata spiegato nella Lezione 14, questa forma può essere utilizzata nei casi seguenti.

1) Esprimere uno stato (verbi che si usano principalmente nella forma ～て います)

⑤ わたしは 結婚して います。   Io sono sposato.
⑥ わたしは 田中さんを 知って います。   Io conosco il sig. Tanaka.
⑦ わたしは カメラを 持って います。
Io ho (tengo) una macchina fotografica.
⑧ わたしは 大阪に 住んで います。   Io abito a Osaka.

[Nota 1] Il negativo di しって います è しりません. Fare attenzione a non usare しって いません.

⑨ 市役所の 電話番号を 知って いますか。
　　Lo sai il numero di telefono dell'ufficio del Comune?
　　……はい、知って います。　　　　……Sì, lo so.
　　……いいえ、知りません。　　　　……No, non lo so.

[Nota 2] もって います ha sia il significato di "tenere in mano adesso", che di "possedere".

2) Mostrare un'azione abituale (la stessa azione ripetuta per un lungo periodo), l'occupazione, o uno stato personale.

⑩ IMC は コンピューターソフトを 作って います。
　　La IMC produce software.
⑪ スーパーで ナンプラーを 売って います。
　　Al supermercato vendono il nam pla.
⑫ ミラーさんは IMC で 働いて います。　　Il sig. Miller lavora alla IMC.
⑬ 妹 は 大学で 勉強して います。
　　Mia sorella minore studia all'università.

4. $\boxed{N に\ V}$

La particella に è utilizzata con verbi come はいります, すわります, のります (salire, prendere mezzo di trasporto, vedi Lezione 16), のぼります (scalare, vedi Lezione 19), つきます (arrivare, vedi Lezione 25) per indicare il luogo di arrivo del verbo compiuto dal soggetto.

⑭ ここに 入っては いけません。　　Non si può entrare qui [dentro].
⑮ ここに 座っても いいですか。　　Posso sedermi qui?
⑯ 京都駅から 16番の バスに 乗って ください。
　　Prenda l'autobus n.16 dalla stazione di Kyoto per favore.

5. $\boxed{N_1 に\ N_2 を\ V}$

La particella に indica il luogo (N_1) in cui si trova N_2 come risultato di una azione.

⑰ ここに 車を 止めて ください。　　Ferma la macchina qui per favore.

Il に nell'esempio ⑱ ha la stessa funzione.

⑱ ここに 住所を 書いて ください。　　Scriva qui l'indirizzo.

Lezione 16

I. Vocaboli

のりますI [でんしゃに〜]	乗ります [電車に〜]	salire [sul treno]
おりますII [でんしゃを〜]	降ります [電車を〜]	scendere [dal treno]
のりかえますII	乗り換えます	cambiare (treno, mezzo di trasporto)
あびますII [シャワーを〜]	浴びます	fare [una doccia]
いれますII	入れます	mettere dentro, inserire
だしますI	出します	tirare fuori, presentare (un report), spedire (una lettera)
おろしますI [おかねを〜]	下ろします [お金を〜]	ritirare [soldi (al bancomat o allo sportello)]
はいりますI [だいがくに〜]	入ります [大学に〜]	entrare [all'università]
でますII [だいがくを〜]	出ます [大学を〜]	finire [l'università]
おしますI	押します	premere
のみますI	飲みます	bere alcolici
はじめますII	始めます	iniziare, cominciare
けんがくしますIII	見学します	visitare (per studio o turismo)
でんわしますIII	電話します	telefonare
わかい	若い	giovane
ながい	長い	lungo
みじかい	短い	corto, breve
あかるい	明るい	luminoso
くらい	暗い	buio
からだ*	体	corpo, fisico
あたま	頭	testa, mente
かみ	髪	capelli
かお*	顔	faccia
め	目	occhio
みみ*	耳	orecchio
はな*	鼻	naso
くち*	口	bocca
は*	歯	dente
おなか*		pancia
あし*	足	piede, gamba
せ	背	statura

サービス		servizio
ジョギング		jogging (～を します：fare jogging)
シャワー		doccia
みどり	緑	verde, verde pubblico
[お]てら	[お]寺	tempio buddista
じんじゃ	神社	santuario shintoista
－ばん	－番	numero －
どうやって		come (si fa)
どの ～		quale ～ (tra tre o più)
どれ		quale (tra tre o più)

〈練習C〉

すごいですね。	Che forte!/Fantastico!
[いいえ、] まだまだです。	[No,] devo ancora migliorare. (Si usa in risposta a un complimento ricevuto)

〈会話〉

お引き出しですか。	Vuole ritirare (i soldi)?
まず	innanzitutto
次に	dopodichè, successivamente
キャッシュカード	carta bancomat
暗証番号	PIN (numero identificativo personale)
金額	importo, somma di denaro
確認	conferma, verifica (～します: confermare, verificare)
ボタン	pulsante

JR	Japan Railway (Ferrovie Giapponesi)
雪祭り	festival della neve
バンドン	Bandung (Indonesia)
フランケン	Franconia (Germania)
ベラクルス	Veracruz (Messico)
梅田	un quartiere di Osaka
大学前	nome di una fermata (nome fittizio)

II. Traduzione

Frasi modello
1. La mattina faccio jogging, mi faccio la doccia, e vado in ditta.
2. Ho mangiato al ristorante dopo che era finito il concerto.
3. A Osaka il cibo è buono.
4. Questa stanza è grande e luminosa.

Frasi di esempio
1. Che cosa hai fatto ieri?
    ······Sono andato in biblioteca, ho preso in prestito un libro, e poi ho incontrato un amico.
2. Come vai fino all'università?
    ······Prendo l'autobus n.16 alla stazione di Kyoto e scendo alla fermata "Daigakumae".
3. Adesso vai in visita al Castello di Osaka?
    ······No, ci andrò dopo aver pranzato.
4. Quale [persona] è la sig.ra Maria?
    ······È quella [persona] coi capelli lunghi.
5. Qual è la bicicletta di Taro?
    ······È quella bicicletta azzurra e nuova.
6. Che tipo di città è Nara?
    ······È una città tranquilla e bella.
7. Chi è quella persona?
    ······È la sig.na Karina. Lei è indonesiana ed è una studentessa straniera dell'Università Fuji.

Conversazione

Mi spieghi come si usa

Maria:	Scusi, mi può spiegare un attimo come si usa?
Impiegato della banca:	Vuole fare un prelievo?
Maria:	Sì, esatto.
Impiegato della banca:	Allora, innanzitutto prema qui.
Maria:	Sì.
Impiegato della banca:	Dopodiché inserisca qui la sua carta bancomat, e digiti il suo PIN.
Maria:	Sì. Fatto.
Impiegato della banca:	Adesso inserisca l'importo.
Maria:	Vorrei ritirare 50.000 yen, quindi 5...
Impiegato della banca:	Si premono "Man" (10.000) e "En" (Yen). E dopo prema questo pulsante "Kakunin" (conferma).
Maria:	Bene. Grazie mille.

III. Parole e informazioni utili

ATMの使い方（つかいかた）　Utilizzo del bancomat

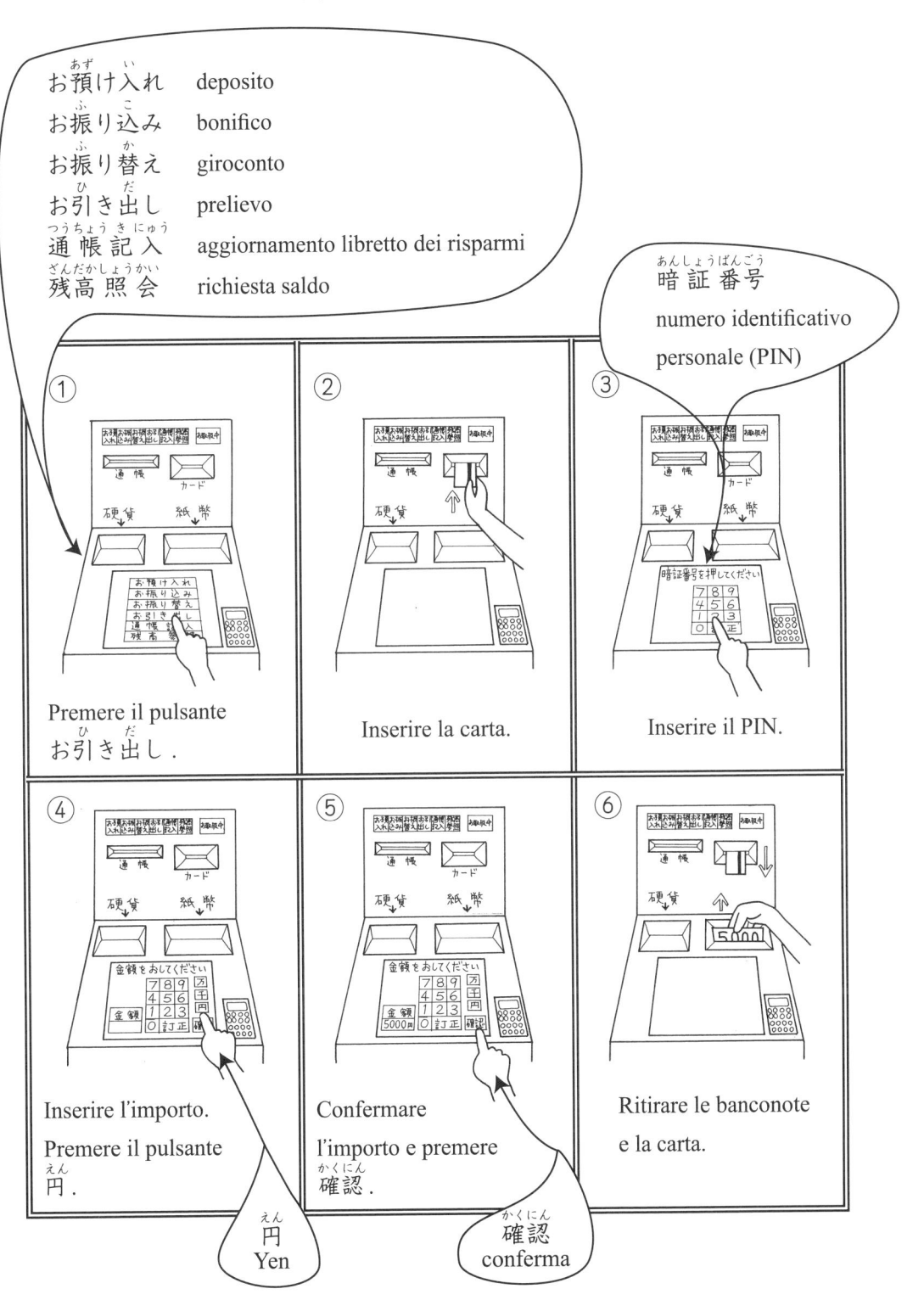

お預け入れ（あずけいれ）　deposito
お振り込み（ふりこみ）　bonifico
お振り替え（ふりかえ）　giroconto
お引き出し（ひきだし）　prelievo
通帳記入（つうちょうきにゅう）　aggiornamento libretto dei risparmi
残高照会（ざんだかしょうかい）　richiesta saldo

暗証番号（あんしょうばんごう）
numero identificativo personale (PIN)

① Premere il pulsante お引き出し（ひきだし）.

② Inserire la carta.

③ Inserire il PIN.

④ Inserire l'importo. Premere il pulsante 円（えん）.

⑤ Confermare l'importo e premere 確認（かくにん）.

⑥ Ritirare le banconote e la carta.

円（えん） Yen

確認（かくにん） conferma

16

IV. Note grammaticali

1. Come collegare due o più frasi
È possibile collegare tra loro due o più frasi utilizzando 〜て(で).

1) V₁ forma- て、[V₂ forma- て、] V₃

Quando descriviamo due o più azioni che avvengono una dopo l'altra, utilizziamo la forma- て lasciando i verbi nell'ordine in cui queste azioni hanno luogo. Il tempo della frase è determinato dall'ultimo verbo.

① 朝 ジョギングを して、シャワーを 浴びて、会社へ 行きます。
   La mattina faccio jogging, mi faccio la doccia, e vado in ditta.
② 神戸へ 行って、映画を 見て、お茶を 飲みました。
   Sono andato a Kobe, ho visto un film, e ho bevuto un tè.

2) Agg- い(〜い) → 〜くて

おおき−い	→	おおき−くて	grande
ちいさ−い	→	ちいさ−くて	piccolo
い−い	→	よ−くて (eccezione)	buono

③ ミラーさんは 若くて、元気です。
   Il sig. Miller è giovane e pieno di energie.
④ きのうは 天気が よくて、暑かったです。
   Ieri il tempo era bello, e ha fatto caldo.

3) Agg- な[な] → 〜で

⑤ ミラーさんは ハンサムで、親切です。   Il sig. Miller è bello e gentile.
⑥ 奈良は 静かで、きれいな 町です。   Nara è una città tranquilla e bella.

[Nota] 〜て(で) non può essere usato per collegare due aggettivi che hanno lo stesso soggetto ma di valore opposto (positivo-negativo). In questo caso si deve utilizzare が (vedi Lezione 8-4).

×この 部屋は 狭くて、きれいです。
○この 部屋は 狭いですが、きれいです。   Questa stanza è piccola ma pulita.

4) N で

⑦ カリナさんは インドネシア人で、富士大学の 留学生です。
   La sig.na Karina è indonesiana, ed è una studentessa straniera dell'Università Fuji.
⑧ カリナさんは 学生で、マリアさんは 主婦です。
   La sig.na Karina è una studentessa universitaria, la sig.ra Maria è una casalinga.

2. V₁ forma- てから、V₂

Questa costruzione indica che il V₂, viene eseguito dopo il V₁. Per questo viene spesso usata per evidenziare che il V₁ è una premessa necessaria, o un'azione preparatoria all'esecuzione del V₂. Il tempo della frase è determinato dall'ultimo verbo.

⑨ お金を 入れてから、ボタンを 押して ください。
   Dopo aver inserito i soldi, premete il pulsante.

Il soggetto del V forma- てから si indica con が.

⑩ もう 昼ごはんを 食べましたか。　Hai già pranzato?
　……この 仕事が 終わってから、食べます。
　……Dopo aver finito questo lavoro, mangio.

3. N₁ は N₂ が Agg

Questa costruzione indica che il tema (N₁) ha la caratteristica descritta da "N₂ が Agg".

⑪ 大阪は 食べ物が おいしいです。　A Osaka il cibo è buono.
⑫ ドイツの フランケンは ワインが 有名です。
　La Franconia, in Germania, è famosa per i suoi vini.
⑬ マリアさんは 髪が 長いです。　La sig.ra Maria ha i capelli lunghi.

4. N を V

I verbi come でます, おります si usano con la particella を che indica il punto di partenza.

⑭ 7時に うちを 出ます。　　Esco di casa alle 7.
⑮ 梅田で 電車を 降りました。　Sono sceso dal treno a Umeda.

5. どうやって

どうやって si usa per chiedere il modo o il metodo con cui si effettua un'azione.

⑯ 大学まで どうやって 行きますか。
　Come vai fino all'università?
　……京都駅から 16番の バスに 乗って、大学前で 降ります。
　……Prendo l'autobus n. 16 alla stazione di Kyoto, e scendo alla fermata "Daigakumae".

6. どれ／どの N

どれ è un pronome interrogativo che si utilizza per chiedere di scegliere un oggetto da un gruppo di tre o più oggetti.

⑰ ミラーさんの 傘は どれですか。　Qual è l'ombrello del sig. Miller?
　……あの 青い 傘です。　……È quell'ombrello blu.

どれ non può modificare direttamente un nome. Per fare questo si utilizza invece どの.

⑱ サントスさんは どの 人ですか。　Quale [persona] è il sig. Santos?
　……あの 背が 高くて、髪が 黒い 人です。
　……È quella persona alta con i capelli neri.

Lezione 17

I. Vocaboli

おぼえます II	覚えます	memorizzare
わすれます II	忘れます	dimenticare
なくします I		perdere, smarrire (qualcosa)
はらいます I	払います	pagare
かえします I	返します	restituire
でかけます II	出かけます	uscire (di casa)
ぬぎます I	脱ぎます	togliersi (vestito, scarpe, etc.)
もって いきます I	持って 行きます	portare (qualcosa)
もって きます III	持って 来ます	portare (qualcosa)
しんぱいします III	心配します	preoccuparsi
ざんぎょうします III	残業します	fare gli straordinari
しゅっちょうします III	出張します	fare un viaggio di lavoro
のみます I [くすりを〜]	飲みます [薬を〜]	prendere [una medicina]
はいります I [おふろに〜]	入ります	fare [un bagno]
たいせつ[な]	大切[な]	importante, prezioso
だいじょうぶ[な]	大丈夫[な]	va bene, nessun problema
あぶない	危ない	pericoloso
きんえん	禁煙	vietato fumare
[けんこう]ほけんしょう	[健康]保険証	tessera dell'assicurazione [sanitaria]
ねつ	熱	febbre
びょうき	病気	malattia
くすり	薬	medicina, farmaco
[お]ふろ		bagno, vasca da bagno
うわぎ	上着	giacca
したぎ	下着	biancheria intima

2、3にち	2、3日	due o tre giorni, qualche giorno
2、3〜		due o tre 〜, qualche 〜（seguito da classificatore）
〜までに		entro 〜（indica la scadenza）
ですから		perciò, quindi

〈会話〉

どう しましたか。	Che cosa si sente?
のど	gola
［〜が］痛いです。	Mi fa male [〜].
かぜ	raffreddore
それから	e poi, inoltre
お大事に。	Si riguardi./Auguri di pronta guarigione.

II. Traduzione

Frasi modello
1. Non fate foto per favore.
2. Deve mostrare il passaporto.
3. La domenica non c'è bisogno di alzarsi presto.

Frasi di esempio
1. Non parcheggiate la macchina lì.
   ······Mi scusi.
2. Sono già le 12:00. È sicura [di poter tornare a casa] da sola?
   ······Sì, non si preoccupi. Tornerò a casa in taxi.
3. Stasera andiamo a bere?
   ······Scusami, ma da domani sono in viaggio di lavoro a Hong Kong, quindi torno a casa presto.
4. Anche i bambini devono pagare?
   ······No, non ce n'è bisogno.
5. La relazione entro quando va presentata?
   ······Va presentata entro venerdì.

Conversazione

Che cosa si sente?

Dottore:	Che cosa si sente (lett. Cosa ha fatto)?
Matsumoto:	Da ieri mi fa male la gola, e ho un po' di febbre.
Dottore:	Ah, sì? Apra un attimo la bocca.
	··
Dottore:	È un raffreddore. Si riposi con calma per due o tre giorni.
Matsumoto:	Senta, da domani ho un viaggio di lavoro a Tokyo.
Dottore:	Allora, oggi prenda le medicine e vada a letto presto.
Matsumoto:	Ho capito.
Dottore:	Ah, e poi stasera non faccia il bagno, va bene?
Matsumoto:	Sì, ho capito.
Dottore:	Si riguardi.
Matsumoto:	Molte grazie.

III. Parole e informazioni utili

体・病気 (からだ・びょうき) Corpo e malattie

どう しましたか。	Che cos'ha?/Che cosa si sente?
頭が痛い (あたま が いた)	avere mal di testa
おなかが痛い (いた)	avere mal di pancia
歯が痛い (は が いた)	avere mal di denti
熱が あります (ねつ)	avere la febbre
せきが 出ます (で)	avere la tosse
鼻水が 出ます (はなみず が で)	avere la goccia al naso
血が 出ます (ち が で)	avere un'emorragia
吐き気が します (は き)	avere la nausea
寒気が します (さむけ)	avere i brividi
めまいが します	avere le vertigini
下痢を します (げり)	avere la diarrea
便秘を します (べんぴ)	avere stitichezza
けがを します	ferirsi
やけどを します	ustionarsi
食欲が ありません (しょくよく)	non avere appetito
肩が こります (かた)	avere le spalle indolenzite
体が だるい (からだ)	sentirsi fiacco
かゆい	avere prurito

かお / あたま / め / はな / かみ / くち / みみ / あご / のど / くび / ゆび / むね / かた / て / うで / せなか / ひじ / つめ / ひざ / おなか / こし / ほね / あし / しり

かぜ	raffreddore
インフルエンザ	influenza
盲腸 (もうちょう)	appendice
ぎっくり腰 (ごし)	colpo della strega
ねんざ	distorsione
骨折 (こっせつ)	frattura
二日酔い (ふつか よ)	postumi della sbornia

17

IV. Note grammaticali

1. V forma-ない

La forma del verbo che si attacca a ない (es. かか in かかない) si dice forma-ない. Il metodo per ottenere la forma-ない partendo dalla forma-ます cambia a seconda del Gruppo del verbo (vedi anche Lezione 17 Esercizi A1 del volume principale).

1) Verbi del Gruppo I

La forma-ます di questi verbi finisce sempre con una sillaba della colonna い. Per ottenere la forma-ない basta cambiare la い nella sillaba corrispondente della colonna あ. Nel caso in cui il verbo in questione finisca con la semplice vocale い (es. かいます, あいます), questa si sostituisce con わ invece di あ.

```
かき－ます   →   かか－ない        いそぎ－ます   →   いそが－ない
よみ－ます   →   よま－ない        あそび－ます   →   あそば－ない
とり－ます   →   とら－ない        まち－ます     →   また－ない
すい－ます   →   すわ－ない        はなし－ます   →   はなさ－ない
```

2) Verbi del Gruppo II

Non cambiano rispetto alla forma-ます.

```
たべ－ます   →   たべ－ない
み－ます     →   み－ない
```

3) Verbi del Gruppo III

```
べんきょうし－ます   →   べんきょうし－ない
し－ます             →           し－ない
き－ます             →           こ－ない
```

2. V(forma-ない)ないで ください   Per favore non...

Questa costruzione si usa per chiedere o dire a qualcuno di non fare una determinata azione.

① ここで 写真を 撮らないで ください。   Qui non fate foto per favore.

Può essere anche usata per dimostrare riguardo nei confronti di qualcuno, invitandolo a non fare qualcosa.

② わたしは 元気ですから、心配しないで ください。

Io sto bene, quindi non ti preoccupare per favore.

3. V(forma-ない)なければ なりません   Dover fare...

Questa costruzione si usa per indicare che qualcosa deve essere fatto. Attenzione: non si può usare per il negativo.

③ 薬を 飲まなければ なりません。   Devo prendere le medicine.

4. V(forma- ない)なくても いいです   Non importa fare.../Non c'è bisogno di...

Questa costruzione indica che una certa azione non è necessaria.

④　あした 来なくても いいです。　　　　Domani non importa che vieni.

5. Rendere un oggetto il tema della frase

Quando un nome (complemento oggetto) in una costruzione N を V viene utilizzato come tema della frase, si sostituisce la particella を con la particella は e lo si pone a inizio frase.

　　ここに 荷物を 置かないで ください。 Qui non lasciate i bagagli per favore.
　　荷物をは ここに 置かないで ください。

⑤　荷物は ここに 置かないで ください。 I bagagli, non lasciateli qui per favore.

　　会社の 食堂で 昼ごはんを 食べます。
　　Mangio il pranzo alla mensa della ditta.
　　昼ごはんをは 会社の 食堂で 食べます。

⑥　昼ごはんは 会社の 食堂で 食べます。
　　Il pranzo lo mangio alla mensa della ditta.

6. N(tempo)までに V

Indica il tempo in cui un'azione è compiuta o la scadenza di un evento.

⑦　会議は 5時までに 終わります。　　　La riunione finirà entro le 5.
⑧　土曜日までに 本を 返さなければ なりません。
　　Entro sabato devo restituire il libro.

[Nota] La particella まで studiata nella Lezione 4 indica il punto di fine di un'azione continuativa. Non va confusa con までに.

⑨　5時まで 働きます。　　　　　　　　Lavoro fino alle 5.

Lezione 18

I. Vocaboli

できますⅡ		sapere (fare), potere (fare)
あらいますⅠ	洗います	lavare
ひきますⅠ	弾きます	suonare (strumenti a corde)
うたいますⅠ	歌います	cantare
あつめますⅡ	集めます	raccogliere, collezionare
すてますⅡ	捨てます	buttare via
かえますⅡ	換えます	scambiare, cambiare
うんてんしますⅢ	運転します	guidare (veicolo)
よやくしますⅢ	予約します	prenotare
ピアノ		pianoforte
－メートル		－ metri (unità di misura)
げんきん	現金	contanti
しゅみ	趣味	hobby, passatempo
にっき	日記	diario
おいのり	お祈り	preghiera (～を します: pregare)
かちょう	課長	capo sezione
ぶちょう	部長	capo dipartimento
しゃちょう*	社長	presidente di un'azienda
どうぶつ	動物	animale
うま	馬	cavallo
インターネット		internet

〈会話〉

特(とく)に	specialmente
へえ	Ehh?!（Esclamazione di stupore o meraviglia）
それは おもしろいですね。	Questo sì che è interessante.
なかなか	difficilmente（si usa col verbo al negativo）
ほんとうですか。	Ma davvero?
ぜひ	assolutamente

....

故郷(ふるさと)	Furusato（titolo di una canzone che significa "Paese natale"）
ビートルズ	The Beatles
秋葉原(あきはばら)	nome di un quartiere di Tokyo

II. Traduzione

Frasi modello
1. Il sig. Miller sa leggere i kanji.
2. Il mio hobby è guardare film.
3. Prima di dormire, scrivo il diario.

Frasi di esempio
1. Sai guidare?
    ……Sì, so guidare.
2. La sig.na Maria sa andare in bicicletta?
    ……No, [non sa].
3. Fino a che ora si può visitare il Castello di Osaka?
    ……Fino alle 5:00.
4. È possibile pagare con carta di credito?
    ……Mi dispiace, accettiamo solo contanti.
5. Qual è il tuo hobby?
    ……È collezionare vecchi orologi.
6. Prima di iniziare la scuola, i bambini giapponesi devono imparare lo hiragana?
    ……No, non hanno bisogno di impararlo.
7. Prenda questa medicina prima dei pasti.
    ……Sì, ho capito.
8. Quando ti sei sposato?
    ……Mi sono sposato tre anni fa.

Conversazione

Qual è il suo hobby?

Yamada: Sig. Santos, qual è il suo hobby?
Santos: La fotografia.
Yamada: Che tipo di foto fa?
Santos: Foto di animali. In particolare mi piacciono i cavalli.
Yamada: Ah, sì? Interessante!
　　　　Ha fatto qualche foto di cavalli da quando è arrivato in Giappone?
Santos: No.
　　　　In Giappone è difficile vedere cavalli.
Yamada: In Hokkaido ci sono molti cavalli, lo sapeva?
Santos: Davvero?
　　　　Allora, per le vacanze estive voglio assolutamente andarci.

III. Parole e informazioni utili

動き　Movimenti

飛ぶ volare	跳ぶ saltare	登る arrampicarsi, scalare	走る correre
泳ぐ nuotare	もぐる immergersi	飛び込む tuffarsi	逆立ちする fare la verticale sulle mani
はう strisciare	ける tirare un calcio, calciare	振る agitare, sventolare, scuotere	持ち上げる sollevare
投げる lanciare	たたく battere	引く tirare	押す spingere
曲げる piegare	伸ばす stendere, allungare	転ぶ cadere in terra	振り向く volgersi indietro

18

IV. Note grammaticali

1. Forma del dizionario dei verbi (V forma diz.)

Questa è la forma base dei verbi, come compare nel dizionario. Il metodo per ottenere la forma del dizionario dalla forma-ます varia a seconda del Gruppo del verbo, come mostrato qui sotto (vedi anche Lezione 18 Esercizi A1 del volume principale).

1) Verbi del Gruppo I
La forma-ます di questi verbi finisce sempre con una sillaba della colonna い. Per ottenere la forma del dizionario basta cambiare la い nella sillaba corrispondente della colonna う.

かき－ます	→	かく	いそぎ－ます	→	いそぐ
よみ－ます	→	よむ	あそび－ます	→	あそぶ
とり－ます	→	とる	まち－ます	→	まつ
すい－ます	→	すう	はなし－ます	→	はなす

2) Verbi del Gruppo II
Basta aggiungere る alla forma-ます.

たべ－ます → たべる
み－ます → みる

3) Verbi del Gruppo III
La forma del dizionario di します è する, quella di きます è くる.

2. ⎰ N ⎱ が できます   Potere fare/Sapere fare
   ⎱ V forma diz. こと ⎰

できます è un verbo che indica che il soggetto ha la capacità di fare qualcosa, o che una qualche azione è possibile come conseguenza di una certa situazione. L'oggetto di できます si indica con が, mentre la capacità o quello che è possibile fare si esprime con un nome oppure con un verbo nella forma del dizionario seguito da こと.

1) Nel caso di un nome
Si utilizzano nomi di azioni (es. うんてん, かいもの, スキー, ダンス) oppure nomi che indicano abilità, come にほんご o ピアノ.

① ミラーさんは 日本語が できます。   Il sig. Miller sa [parlare] il giapponese.
② 雪が たくさん 降りましたから、ことしは スキーが できます。
   Siccome è nevicato molto, quest'anno si potrà sciare.

2) Nel caso di un verbo
Quando un verbo è utilizzato per descrivere un'abilità o una possibilità, si aggiunge こと alla forma del dizionario per creare una frase sostantivata, e lo si fa seguire da が できます.

③ ミラーさんは 漢字を 読む ことが できます。
              (frase sostantivata)
   Il sig. Miller sa leggere i kanji.

④ カードで 払う ことが できます。   È possibile pagare con carta di credito.
   (frase sostantivata)

3.
$$\text{わたしの 趣味は} \begin{Bmatrix} \text{N} \\ \text{V forma diz. こと} \end{Bmatrix} \text{です}$$
Il mio hobby è...

⑤ わたしの 趣味は 音楽です。　　　　Il mio hobby è la musica.

È possibile descrivere più concretamente il contenuto del proprio interesse usando la frase V forma diz. こと.

⑥ わたしの 趣味は 音楽を 聞く ことです。　Il mio hobby è ascoltare la musica.

4.
$$\begin{Bmatrix} \text{V}_1 \text{ forma diz.} \\ \text{N の} \\ \text{Quantificatore (periodo di tempo)} \end{Bmatrix} \text{まえに、V}_2$$
Prima di...

1) Nel caso dei verbi
Indica che V_2 avviene prima di V_1. V_1 prende sempre la forma del dizionario, sia che il tempo della frase (cioè il tempo di V_2) sia al passato oppure no.

⑦ 日本へ 来る まえに、日本語を 勉強しました。
Prima di venire in Giappone, ho studiato giapponese.

⑧ 寝る まえに、本を 読みます。　　　Prima di dormire leggo un libro.

2) Nel caso dei nomi
Si aggiunge の dopo il nome. Si possono usare nomi che esprimono azioni.

⑨ 食事の まえに、手を 洗います。　Prima dei pasti, mi lavo le mani.

3) Nel caso dei quantificatori (periodo di tempo)
Dopo un quantificatore (periodo di tempo) non si aggiunge il の.

⑩ 田中さんは 1時間まえに、出かけました。 Il sig. Tanaka è uscito un'ora fa.

5. なかなか

Quando なかなか è seguito da un negativo significa "difficilmente", "al contrario delle aspettative".

⑪ 日本では なかなか 馬を 見る ことが できません。
In Giappone è difficile vedere un cavallo.

[Nota] La frase di esempio ⑪ (vedi anche Lezione 18 Conversazione del volume principale) prende come tema della frase にほんで. In un caso come questo in cui un nome seguito da で diventa il tema della frase, si usa では (vedi Approfondimento 1 per gli altri casi in cui parole con particelle diverse da が e を diventano tema della frase).

6. ぜひ

È usato dal parlante per enfatizzare la sua espressione di speranza.

⑫ ぜひ 北海道へ 行きたいです。
Voglio assolutamente andare in Hokkaido.

⑬ ぜひ 遊びに 来て ください。　　　Venite assolutamente a trovarmi.

Lezione 19

I. Vocaboli

のぼります I	登ります、上ります	scalare (montagna), salire (su edifici)
とまります I [ホテルに〜]	泊まります	pernottare [in albergo]
そうじします III	掃除します	fare le pulizie
せんたくします III	洗濯します	fare il bucato
なります I		diventare, farsi (grande, primavera, etc.)
ねむい	眠い	assonnato, avere sonno
つよい	強い	forte
よわい*	弱い	debole
れんしゅう	練習	esercizio, allenamento (〜[を] します : esercitarsi)
ゴルフ		golf (〜を します : giocare a golf)
すもう	相撲	sumo (〜を します : fare una lotta di sumo)
おちゃ	お茶	cerimonia del tè
ひ	日	giorno, data
ちょうし	調子	condizione, stato (fisico)
いちど	一度	una volta
いちども	一度も	neanche una volta, mai (si usa con la forma negativa)
だんだん		gradualmente, a poco a poco
もうすぐ		fra pochissimo
おかげさまで		grazie al cielo, grazie a tutti (si usa per esprimere gratitudine verso coloro che ci sono stati di sostegno)
でも		però, ma

〈会話〉

乾杯(かんぱい)	brindisi
ダイエット	dieta (〜を します : mettersi a dieta)
無理(むり)[な]	impossibile, irrealizzabile
体(からだ)に いい	che fa bene alla salute

東京(とうきょう)スカイツリー	Tokyo Skytree (una torre per telecomunicazioni con terrazza panoramica, a Tokyo)
葛飾北斎(かつしかほくさい)	famoso pittore di ukiyoe del periodo Edo (1760-1849)

II. Traduzione

Frasi modello
1. Ho visto il sumo (=in passato ho avuto l'esperienza di vedere il sumo).
2. Nei giorni di riposo gioco a tennis, faccio passeggiate, etc.
3. Da ora diventerà caldo a poco a poco.

Frasi di esempio
1. Sei mai stato in Hokkaido?
   ······Sì, una volta. Ci sono andato due anni fa con degli amici.
2. Sei mai andato a cavallo?
   ······No, neanche una volta, ma voglio assolutamente andarci.
3. Cosa hai fatto per le vacanze invernali?
   ······Ho visitato templi buddisti, santuari shintoisti e altri posti a Kyoto, ho fatto delle feste con i miei amici, etc.
4. Che cosa vorresti fare in Giappone?
   ······Vorrei fare dei viaggi, imparare la cerimonia del tè, etc.
5. Come sono le tue condizioni di salute?
   ······Grazie al cielo, sono migliorate.
6. Sei diventato bravo in giapponese, eh.
   ······Grazie, ma devo ancora migliorare.
7. Teresa, che cosa vuoi diventare (da grande)?
   ······Voglio diventare un medico.

Conversazione

La dieta la faccio da domani

Tutti: Salute!
....

Yoshiko Matsumoto: Sig.ra Maria, non mangia molto, eh?
Maria: Eh sì, da ieri sono a dieta.
Yoshiko Matsumoto: Ah, sì? In passato anch'io ho fatto la dieta.
Maria: Che tipo di dieta?
Yoshiko Matsumoto: Ogni giorno mangiavo solamente mele e bevevo tanta acqua. Ma una dieta eccessiva non fa bene alla salute, no?
Maria: Eh, sì.
Yoshiko Matsumoto: Sig.ra Maria, questo gelato è veramente buono, sai?
Maria: Davvero?
   ...La dieta la ricomincerò domani.

III. Parole e informazioni utili

伝統文化・娯楽　　Cultura tradizionale e intrattenimento

茶道 cerimonia del tè (お茶)	華道 arte di disporre i fiori (生け花)	書道 calligrafia
歌舞伎 teatro Kabuki	能 teatro Noh	文楽 teatro Bunraku
相撲 sumo	柔道 judo	剣道 kendo
空手 karate	漫才・落語 manzai, rakugo (dialoghi o monologhi comici)	囲碁・将棋 go, shogi (scacchi giapponesi)
パチンコ pachinko	カラオケ karaoke	盆踊り danza tradizionale dell'obon

IV. Note grammaticali

1. **V forma- た**

La coniugazione del verbo che finisce in た oppure だ si chiama "forma- た". La forma- た si ottiene sostituendo a て e で della forma- て rispettivamente た e だ (vedi anche Lezione 19 Esercizi A1 del volume principale).

Forma- て → Forma- た
かいて → かいた
のんで → のんだ
たべて → たべた
きて → きた
して → した

2. ⎡V forma- た ことが あります⎤ Ho avuto l'esperienza di.../Mi è capitato di...

Questa costruzione si usa per dire che il soggetto ha avuto in passato un'esperienza di un certo tipo, senza specificare quando questo è avvenuto.

① 馬に 乗った ことが あります。

   Sono andato a cavallo (= in passato ho avuto l'esperienza di andare a cavallo).

Attenzione: la forma passata semplice si usa invece per descrivere semplicemente qualcosa che è avvenuto in passato.

② 去年 北海道で 馬に 乗りました。

   L'anno scorso in Hokkaido sono andato a cavallo.

3. ⎡V₁ forma- たり、V₂ forma- たり します⎤ V₁, V₂, etc.

Allo stesso modo in cui la particella や è utilizzata per citare due o più nomi rappresentativi di una lista, questa costruzione viene utilizzata invece per i verbi. Il tempo del verbo è indicato alla fine della frase.

③ 日曜日は テニスを したり、映画を 見たり します。

   La domenica gioco a tennis, guardo film, etc.

④ 日曜日は テニスを したり、映画を 見たり しました。

   Domenica ho giocato a tennis, ho guardato un film, etc.

[Nota] Fare attenzione a non confondere questa costruzione con quella V₁ forma- て、[V₂ forma- て、] V₃ che abbiamo visto nella Lezione 16, utilizzata invece per enumerare tutti gli elementi di una lista di azioni in successione.

⑤ 日曜日は テニスを して、映画を 見ました。

   Domenica ho giocato a tennis (e poi) ho visto un film.

Al contrario, la costruzione V₁ forma- たり、V₂ forma- たり します enumera alcune azioni tipiche, senza alcuna relazione temporale tra di loro, e poiché questo elenco di azioni non è esaustivo, risulta innaturale utilizzare questa forma per indicare azioni quotidiane come svegliarsi la mattina, pranzare, andare a letto la sera.

4.

| Agg- い (～い) → ～く |
| Agg- な [な] → ～に } なります   Diventa...
| N に |

なります indica un cambio di stato.

⑥ 寒い　　→　寒く なります　　Diventa freddo.
⑦ 元気[な]　→　元気に なります　Migliora (di salute).
⑧ 25歳　　→　25歳に なります　Compie 25 anni (diventa venticinquenne).

Lezione 20

I. Vocaboli

いります I ［ビザが～］	要ります	necessitare [un visto]
しらべます II	調べます	cercare, indagare, consultare
しゅうりします III	修理します	riparare
ぼく	僕	io (forma colloquiale di わたし usata dagli uomini)
きみ*	君	tu (forma colloquiale di あなた. Si usa verso persone di pari grado o inferiori)
～くん	～君	(forma colloquiale di ～さん spesso utilizzata dopo il nome degli uomini. Si usa verso persone di pari grado o inferiori)
うん		sì (forma colloquiale di はい)
ううん		no (forma colloquiale di いいえ)
ことば		parola, lingua
きもの	着物	kimono (indumento tradizionale giapponese)
ビザ		visto
はじめ	初め	inizio
おわり	終わり	fine
こっち*		qui, in questa direzione (forma colloquiale di こちら)
そっち		lì, in quella direzione (forma colloquiale di そちら)
あっち*		là, in quella direzione (forma colloquiale di あちら)
どっち		dove, in quale direzione (forma colloquiale di どちら)
みんなで		tutti insieme
～けど		ma (forma colloquiale di が)
おなか が いっぱい です		avere la pancia piena, essere sazio

〈会話〉
よかったら　　　　　　　　　se ti va bene
いろいろ　　　　　　　　　　vari, variamente

II. Traduzione

Frasi modello
1. Il sig. Santos non è venuto alla festa.
2. A Tokyo ci sono molte persone.
3. Il mare di Okinawa era bello.
4. Oggi è il mio compleanno.

Frasi di esempio
1. Mangi un gelato?
    ······Sì, lo mangio.
2. Ci sono le forbici lì?
    ······No, non ci sono.
3. Ieri hai incontrato la sig.na Kimura?
    ······No, non l'ho incontrata.
4. È buono quel curry?
    ······Sì, è piccante, ma buono.
5. Perché domani non andiamo tutti insieme a Kyoto?
    ······Sì, che bella idea.
6. Che cosa vuoi mangiare?
    ······Non voglio mangiare niente perché ora sono pieno.
7. Adesso sei libero?
    ······Sì, sono libero. Che c'è?
    Dammi un po' una mano.
8. Hai il dizionario?
    ······No, non ce l'ho.

Conversazione

Perché non ci andiamo insieme?

Kobayashi: Per le vacanze estive torni al tuo paese?
Thawaphon: Eh no. Mi piacerebbe tornarci, ma...
Kobayashi: Capisco.
 Thawaphon, sei mai salito sul Monte Fuji?
Thawaphon: Eh no, mai.
Kobayashi: Allora, se ti va, perché non ci andiamo insieme?
Thawaphon: Ok. Quando?
Kobayashi: Che ne dici all'inizio di agosto?
Thawaphon: Va bene.
Kobayashi: Allora, mi informo e poi ti telefono.
Thawaphon: Grazie. Aspetto [la tua telefonata].

III. Parole e informazioni utili

人の 呼び方　　Modi di chiamare le persone

"Taro, Hanako!!"
(lett. Fratello maggiore, sorella maggiore)

"Caro (lett. papà), oggi è il compleanno di Taro."

In famiglia, si tende a chiamarsi l'un l'altro prendendo il punto di vista del figlio più piccolo. Per esempio, i genitori chiamano il figlio e la figlia più grandi おにいちゃん (fratello maggiore) e おねえちゃん (sorella maggiore), come se a chiamarli fosse il figlio più piccolo. Quando i genitori parlano in presenza dei figli, il marito chiama la moglie おかあさん o ママ (mamma), e la moglie chiama il marito おとうさん o パパ (papà). Questa pratica sta però cambiando negli ultimi anni.

"Sig. Matsumoto, può firmare questo?"

"Signore, questa cravatta le sta benissimo."

"Dottore, ho mal di pancia."

Nella società la gente tende a chiamarsi l'un l'altro col nome del ruolo che ricoprono nel gruppo a cui appartengono. Per esempio a lavoro un sottoposto chiama il suo superiore con il suo titolo di lavoro (es. "Sig. caporeparto"). Nei negozi i commessi chiamano i clienti おきゃくさま (Sig./Sig.ra cliente). I dottori sono chiamati せんせい dai loro pazienti.

IV. Note grammaticali

1. Registro cortese e registro piano
La lingua giapponese ha due tipi di registro, uno cortese e uno piano.

Registro cortese	Registro piano
あした 東京へ 行きます。 Domani vado a Tokyo.	あした 東京へ 行く。 Domani vado a Tokyo.
毎日 忙しいです。 Sono impegnato tutti i giorni.	毎日 忙しい。 Sono impegnato tutti i giorni.
相撲が 好きです。 Mi piace il sumo.	相撲が 好きだ。 Mi piace il sumo.
富士山に 登りたいです。 Voglio salire sul Monte Fuji.	富士山に 登りたい。 Voglio salire sul Monte Fuji.
ドイツへ 行った ことが ありません。 Non sono mai andato in Germania.	ドイツへ 行った ことが ない。 Non sono mai andato in Germania.

La forma che nei predicati di registro cortese è accompagnata da です, ます è detta forma cortese, mentre la forma dei predicati nel registro piano è detta forma piana (vedi anche Lezione 20 Esercizi A1 del volume principale).

2. Uso corretto di registro cortese e registro piano
1) Conversazione

Il registro cortese si usa in conversazione con una persona appena conosciuta, con una persona di status più alto del proprio, o anche con un coetaneo col quale non si ha molta confidenza.

Il registro piano è utilizzato quando si parla con gli amici e i colleghi più stretti, e alcuni membri della famiglia.

Fate attenzione a non utilizzare il registro piano con le persone sbagliate, perché questo suonerebbe molto scortese.

2) Lingua scritta

Generalmente le lettere vengono scritte nel registro cortese, mentre le tesi, i report e i diari nel registro piano.

3. Conversazione con registro piano
1) Le domande poste col registro piano generalmente perdono la particella interrogativa か, e vengono pronunciate con un'intonazione ascendente のむ (↗), のんだ (↗).

① コーヒーを 飲む？(↗)　　　Bevi un caffè?
　……うん、飲む。(↘)　　　……Um, ok (lo bevo).

2) Per quanto riguarda frasi interrogative con N e Agg- な la forma piana di です, cioè だ, è generalmente omessa. Nella risposta affermativa, concludere la frase con だ suona un po' brusco, per questo spesso si omette だ, o si aggiungono delle particelle che smorzano il tono della frase.

 ② 今晩 暇？   Sei libero stasera?
  ……うん、暇／暇だ／暇だよ。 ……Sì, sono libero. (Usato dagli uomini)
  ……うん、暇／暇よ／暇だよ。 ……Sì, sono libera. (Usato dalle donne)
  ……ううん、暇じゃ ない。   ……Eh no, non sono libero.

3) Nella frase in registro piano le particelle sono spesso omesse, quando il significato della frase è chiaro.

 ③ ごはん[を] 食べる？   Mangi?
 ④ あした 京都[へ] 行かない？ Perché non andiamo a Kyoto domani?
 ⑤ この りんご[は] おいしいね。 Buona questa mela, vero?
 ⑥ そこに はさみ[が] ある？ Sono lì le forbici?

L'omissione non è possibile nel caso di particelle come で, に, から, まで, と, la cui mancanza renderebbe incomprensibile la frase.

4) Nelle frasi in registro piano capita spesso che la い di V forma- て いる cada.

 ⑦ 辞書、持って [い]る？   Hai il dizionario?
  ……うん、持って [い]る。   ……Sì, ce l'ho.
  ……ううん、持って [い]ない。 ……Eh no, non ce l'ho.

5) けど

けど ha la stessa funzione di が ma viene utilizzato più spesso in conversazione.

 ⑧ その カレー[は] おいしい？ È buono quel curry?
  ……うん、辛いけど、おいしい。 ……Sì, è piccante ma buono.
 ⑨ 相撲の チケット[が] あるけど、いっしょに 行かない？
  Ho dei biglietti per il sumo, perché non ci andiamo insieme?
  ……いいね。   ……Sarebbe bellissimo!

Lezione 21

I. Vocaboli

おもいます I	思います	pensare
いいます I	言います	dire
かちます I	勝ちます	vincere
まけます II *	負けます	perdere, essere sconfitto
あります I		esserci, tenersi [un festival]
［おまつりが〜］	［お祭りが〜］	
やくに たちます I	役に 立ちます	essere utile
うごきます I	動きます	muoversi, funzionare (macchina)
やめます II		licenziarsi [dalla ditta], smettere
［かいしゃを〜］	［会社を〜］	
きを つけます II	気を つけます	fare attenzione (alle automobili, etc.)
りゅうがくします III	留学します	studiare all'estero
むだ［な］		inutile, spreco
ふべん［な］	不便［な］	scomodo, poco pratico
すごい		fantastico, forte (si usa per esprimere stupore o ammirazione)
ほんとう		vero
うそ*		bugia
じどうしゃ	自動車	automobile
こうつう	交通	circolazione (stradale, etc.)
ぶっか	物価	costo della vita, prezzi
ほうそう	放送	trasmissione, emissione (radio, TV, filodiffusione)
ニュース		notizia
アニメ		cartoni animati
マンガ		fumetti manga
デザイン		design, disegno
ゆめ	夢	sogno
てんさい	天才	genio, talento straordinario
しあい	試合	partita (〜を します: giocare una partita)

いけん	意見	opinione, parere
はなし	話	discorso, dialogo, racconto (〜を します : discorrere)
ちきゅう	地球	Terra
つき	月	luna
さいきん	最近	recentemente, in questi ultimi giorni
たぶん		forse
きっと		sicuramente, senza dubbio
ほんとうに		veramente, davvero
そんなに		non... così tanto (si usa con la forma negativa)
〜に ついて		riguardo a 〜, a proposito di 〜

〈会話〉

久しぶりですね。	Da quanto tempo che non ci vedevamo!
〜でも 飲みませんか。	Le va di bere 〜 (o qualcos'altro)?
もちろん	certamente, senz'altro
もう 帰らないと……。	Devo già tornare a casa.

アインシュタイン	Albert Einstein (1879-1955)
ガガーリン	Jurij Gagarin (1934-1968)
ガリレオ	Galileo Galilei (1564-1642)
キング牧師	Martin Luther King (1929-1968)
フランクリン	Benjamin Franklin (1706-1790)
かぐや姫	protagonista della favola giapponese "Taketori Monogatari"
天神祭	festival di Osaka
吉野山	nome di un monte a Nara
カンガルー	canguro
キャプテン・クック	Capitano James Cook (1728-1779)
ヨーネン	nome di un'azienda (nome fittizio)

II. Traduzione

Frasi modello
1. Penso che domani pioverà.
2. Ho detto a mio padre che voglio studiare all'estero.
3. Sei stanco vero?

Frasi di esempio
1. Dov'è il sig. Miller?
   ······Forse è già andato via, credo.
2. Il sig. Miller è a conoscenza di questa notizia?
   ······No, non penso che lo sappia.
3. Cos'è più importante tra lavoro e famiglia?
   ······Penso che siano importanti tutti e due.
4. Che ne pensi del Giappone?
   ······Penso che il costo della vita sia caro.
5. Prima del pasto, dite una preghiera?
   ······No, non lo facciamo, ma diciamo "itadakimasu".
6. Kaguyahime disse "Devo tornare sulla luna". E dopodiché, fece ritorno sulla luna. Fine.
   ······Fine? Mamma, anch'io voglio andare sulla luna.
7. Hai detto qualcosa alla riunione?
   ······Sì. Ho detto che ci sono molti sprechi di fotocopie.
8. A luglio c'è un festival a Kyoto vero?
   ······Sì, c'è.

Conversazione

Lo penso anch'io

Matsumoto:	Ah, sig. Santos, da quanto tempo che non ci vedevamo!
Santos:	Oh, sig. Matsumoto, come sta?
Matsumoto:	Bene. Le va di bere una birra (o qualcos'altro)?
Santos:	Buona idea!
	···
Santos:	Stasera dalle 10:00 c'è la partita di calcio Giappone-Brasile, no?
Matsumoto:	Sì, è vero.
	Sig. Santos, quale squadra pensa che vinca?
Santos:	Senz'altro, il Brasile.
Matsumoto:	Eh, sì, ma recentemente anche il Giappone è diventato forte.
Santos:	Sì, lo penso anch'io, ma...
	Ah, devo andare a casa...
Matsumoto:	Sì, andiamo.

III. Parole e informazioni utili

役職名（やくしょくめい） Istituzioni e cariche

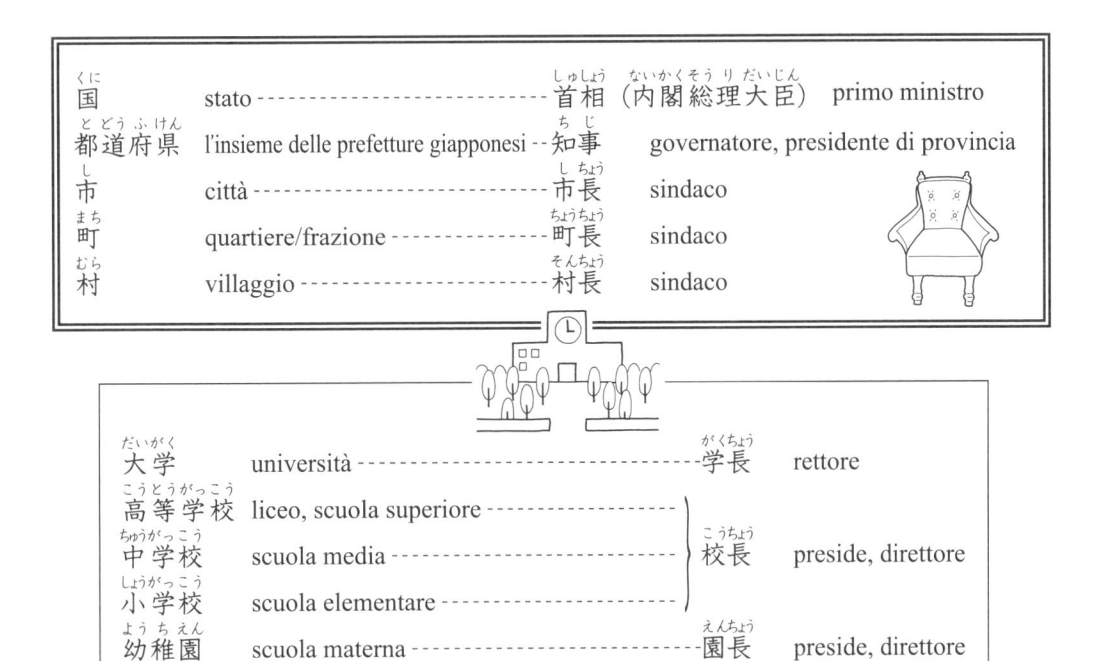

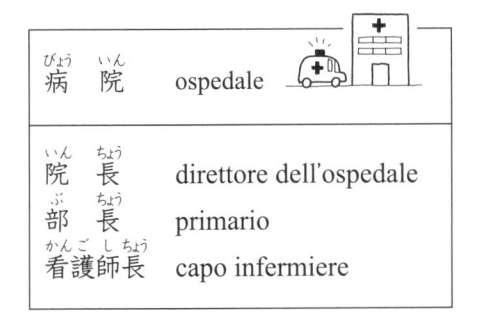

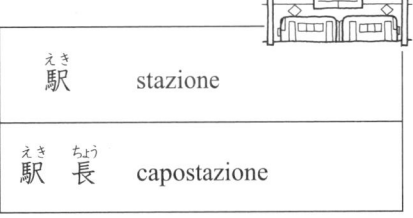

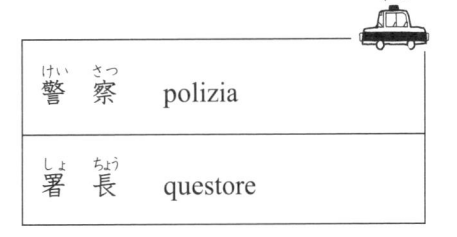

国（くに）	stato	首相（しゅしょう）（内閣総理大臣 ないかくそうりだいじん）	primo ministro
都道府県（とどうふけん）	l'insieme delle prefetture giapponesi	知事（ちじ）	governatore, presidente di provincia
市（し）	città	市長（しちょう）	sindaco
町（まち）	quartiere/frazione	町長（ちょうちょう）	sindaco
村（むら）	villaggio	村長（そんちょう）	sindaco

大学（だいがく）	università	学長（がくちょう）	rettore
高等学校（こうとうがっこう）	liceo, scuola superiore	校長（こうちょう）	preside, direttore
中学校（ちゅうがっこう）	scuola media		
小学校（しょうがっこう）	scuola elementare		
幼稚園（ようちえん）	scuola materna	園長（えんちょう）	preside, direttore

会社（かいしゃ）	ditta, azienda
会長（かいちょう）	presidente onorario
社長（しゃちょう）	presidente
重役（じゅうやく）	amministratore
部長（ぶちょう）	capo dipartimento
課長（かちょう）	capo sezione

病院（びょういん）	ospedale
院長（いんちょう）	direttore dell'ospedale
部長（ぶちょう）	primario
看護師長（かんごしちょう）	capo infermiere

銀行（ぎんこう）	banca
頭取（とうどり）	presidente della banca
支店長（してんちょう）	direttore di filiale

駅（えき）	stazione
駅長（えきちょう）	capostazione

警察（けいさつ）	polizia
署長（しょちょう）	questore

IV. Note grammaticali

1. | Forma piana と 思います | Penso che...

Il contenuto di una riflessione o considerazione si indica con la particella と . Questa forma segue le seguenti regole.

1) Esprimere una congettura

① あした 雨が 降ると 思います。　　Credo che domani pioverà.

② テレーザちゃんは もう 寝たと 思います。
　　Credo che Teresa dorma già.

Nel caso di congetture negative il と è preceduto dalla forma negativa.

③ ミラーさんは この ニュースを 知って いますか。
　　……いいえ、知らないと 思います。

　　Il sig. Miller è a conoscenza di questa notizia?
　　……No, non credo che lo sappia.

2) Esprimere un'opinione

④ 日本は 物価が 高いと 思います。　　Io penso che la vita in Giappone sia cara.

Quando si chiede un opinione su qualcosa si usa la formula 〜に ついて どう おもいますか senza aggiungere と dopo どう .

⑤ 新しい 空港に ついて どう 思いますか。
　　……きれいですが、ちょっと 交通が 不便だと 思います。

　　Che ne pensi del nuovo aeroporto?
　　……È bello, ma i collegamenti mi sembrano un po' scomodi.

L'approvazione o disapprovazione all'opinione di altre persone si esprime come segue.

⑥ ケータイは 便利ですね。　　Il cellulare è comodo vero?
　　……わたしも そう 思います。　　……Lo penso anch'io.

2. | "Frase" / Forma piana } と 言います | Dire che...

La particella と si usa per citare il contenuto di una frase. Esistono due modi per farlo:

1) Quando si cita direttamente una frase (discorso diretto), la si riporta esattamente com'è. Nello scritto la citazione è racchiusa tra le parentesi 「　」.

⑦ 寝る まえに、「お休みなさい」と 言います。
　　Prima di andare a dormire si dice "Buonanotte".

⑧ ミラーさんは 「来週 東京へ 出張します」と 言いました。
　　Il sig. Miller ha detto "La prossima settimana vado a Tokyo per lavoro".

2) Quando si cita il contenuto di una frase (discorso indiretto), si usa la forma piana prima di と .

⑨ ミラーさんは 東京へ 出張すると 言いました。
　　Il sig. Miller ha detto che andrà a Tokyo per lavoro.

Il tempo della frase citata non influenza quello della frase principale.

La particella に si usa per indicare a chi è rivolta la frase.

⑩ 父に 留学したいと 言いました。
　　Ho detto a mio padre che voglio studiare all'estero.

3. $\begin{Bmatrix} \text{V} \\ \text{Agg-い} \\ \text{Agg-な} \\ \text{N} \end{Bmatrix}$ $\begin{Bmatrix} \text{forma piana} \\ \text{forma piana} \\ \sim だ \end{Bmatrix}$ でしょう？ ...vero?

Quando si vuole avere l'approvazione dell'interlocutore si usa questa costruzione. でしょう è pronunciato con un'intonazione ascendente.
Prima di でしょう si usa la forma piana, ma nel caso di Agg-な e di un nome non si mette 〜だ.

⑪ あした パーティーに 行くでしょう？　Domani ci vai alla festa vero?
　　……ええ、行きます。　　　　　　　……Sì, ci vado.

⑫ 北海道は 寒かったでしょう？　　Ha fatto freddo in Hokkaido vero?
　　……いいえ、そんなに 寒くなかったです。
　　……No, non ha fatto così freddo.

4. N₁(luogo)で N₂が あります

Quando N₂ è un evento o un accadimento come una festa, un concerto, un festival, un incidente, un disastro, si utilizza あります nel senso di "si tiene", "accade", "succede".

⑬ 東京で 日本と ブラジルの サッカーの 試合が あります。
　　A Tokyo si tiene la partita di calcio Giappone-Brasile.

5. N(occasione)で

L'occasione in cui avviene qualcosa si indica con で.

⑭ 会議で 何か 意見を 言いましたか。
　　Alla riunione hai detto qualcosa (qualche parere)?

6. N でも V

Quando si raccomanda, si suggerisce, o si esprime speranza per qualcosa, la particella でも è utilizzata per dare un esempio non restrittivo dell'oggetto pensato.

⑮ ちょっと ビールでも 飲みませんか。　Ci beviamo un po' di birra (o qualcos'altro)?

7. V(forma- ない)ないと……

Questa espressione è la forma contratta di V(forma- ない) ないと いけません (vedi Lezione 17) da cui è omesso いけません, e ha più o meno lo stesso significato di V(forma- ない) なければ なりません che abbiamo visto nella Lezione 17.

⑯ もう 帰らないと……。　　　　　Devo andare (a casa).

Lezione 22

I. Vocaboli

きますⅡ	着ます	indossare (camicia)
はきますⅠ		mettersi (scarpe, pantaloni, etc.)
かぶりますⅠ		mettersi (un cappello)
かけますⅡ [めがねを～]	[眼鏡を～]	mettersi [gli occhiali]
しますⅢ [ネクタイを～]		fare il nodo [alla cravatta]
うまれますⅡ	生まれます	nascere
わたしたち		noi
コート		cappotto
セーター		maglione
スーツ＊		completo, tailleur
ぼうし	帽子	cappello
めがね	眼鏡	occhiali
ケーキ		torta, dolce
[お]べんとう	[お]弁当	cestino per il pranzo
ロボット		robot
ユーモア		humor
つごう	都合	circostanze
よく		spesso

〈練習 C〉
えーと — dunque... , vediamo...
おめでとう［ございます］。 — Congratulazioni./Auguri.（Si usa in occasioni come compleanni, matrimoni, capodanno）

〈会話〉
お探しですか。 — Cerca qualcosa?
では — allora
こちら — questo（forma cortese di これ）
家賃 — affitto
ダイニングキッチン — cucina-sala da pranzo
和室 — camera in stile giapponese
押し入れ — armadio a muro alla giapponese
布団 — futon, letto giapponese

パリ — Parigi
万里の長城 — la Grande Muraglia

みんなの アンケート — nome di un questionario（nome fittizio）

II. Traduzione

Frasi modello
1. Questa è la torta che ha fatto il sig. Miller.
2. La persona che si trova laggiù è il sig. Miller.
3. Ho dimenticato le parole che ho imparato ieri.
4. Non ho il tempo di andare a fare la spesa.

Frasi di esempio
1. Questa è una foto che ho scattato alla Grande Muraglia.
   ······Ah, sì? Fantastico eh!
2. Qual è il quadro che ha dipinto la sig.na Karina?
   ······È quello. Quel quadro del mare.
3. Chi è quella persona che indossa il kimono?
   ······È la sig.na Kimura.
4. Sig. Yamada, qual è il posto in cui ha incontrato sua moglie per la prima volta?
   ······Il Castello di Osaka.
5. Come è stato il concerto al quale sei andato con la sig.na Kimura?
   ······È stato molto bello.
6. Che hai fatto?
   ······Ho perso l'ombrello che ho comprato ieri.
7. Che tipo di casa vorresti?
   ······Vorrei una casa con un giardino grande.
8. Domenica ti va di andare a vedere la partita di calcio?
   ······Mi dispiace, ma domenica ho un appuntamento [di incontrarmi] con degli amici.

Conversazione

Che tipo di appartamento sta cercando?

Agente immobiliare: Che tipo di appartamento sta cercando?
Wang: Dunque, mi andrebbe bene un posto non lontano dalla stazione con un affitto di circa 80.000 yen.
Agente immobiliare: Allora, che ne dice di questo?
10 minuti dalla stazione, l'affitto è 83.000 yen.
Wang: Ha una cucina-sala da pranzo e una stanza in stile giapponese vero? Scusi, che cos'è questo?
Agente immobiliare: È un "oshiire". È il posto dove si mette il futon.
Wang: Ah, ho capito.
Quest'appartamento, è possibile vederlo oggi?
Agente immobiliare: Certo, vogliano andarci ora?
Wang: Sì, la prego.

III. Parole e informazioni utili

衣服　Abbigliamento

スーツ completo, tailleur	ワンピース abito intero (da donna)	上着 giacca	ズボン／パンツ pantaloni ジーンズ jeans
スカート gonna	ブラウス camicetta	ワイシャツ camicia da uomo	セーター golf, maglia, maglione
マフラー sciarpa 手袋 guanti	下着 biancheria intima	くつした calzini （パンティー） ストッキング calze da donna	着物 kimono 帯 obi
（オーバー）コート cappotto レインコート impermeabile	ネクタイ cravatta ベルト cintura	ハイヒール scarpe con i tacchi alti ブーツ stivali 運動靴 scarpe da ginnastica	ぞうり　たび zori　tabi (sandali　(calzini tradizionali)　infradito)

IV. Note grammaticali

1. Modificatori del nome

Nella Lezione 2 e Lezione 8 abbiamo visto dei metodi per modificare i nomi.

ミラーさんの うち	La casa del sig. Miller (L.2)
新しい うち	Una casa nuova (L.8)
きれいな うち	Una casa bella (L.8)

Le parole che modificano un nome sono poste prima del nome stesso. In questa lezione vediamo come utilizzare una intera frase come modificatore di un nome.

1) Verbi, aggettivi e nomi in una frase che modifica un nome prendono la forma piana. Nel caso degli Agg-な, si aggiunge 〜な, nel caso dei nomi si aggiunge 〜の.

① 京都へ 　行く 人　　　　　　　una persona che va a Kyoto
　　　　　　行かない 人　　　　　una persona che non va a Kyoto
　　　　　　行った 人　　　　　　una persona che è andata a Kyoto
　　　　　　行かなかった 人　　　una persona che non è andata a Kyoto

背が 高くて、髪が 黒い 人　　　　una persona alta con i capelli neri
親切で、きれいな 人　　　　　　　una persona gentile e bella
65歳の 人　　　　　　　　　　　　una persona di 65 anni

2) Frasi che modificano nomi sono usate in vari modi come mostrato qui sotto.

② これは ミラーさんが 住んで いた うちです。
　　Questa è la casa dove abitava il sig. Miller.

③ ミラーさんが 住んで いた うちは 古いです。
　　La casa dove abitava il sig. Miller è vecchia.

④ ミラーさんが 住んで いた うちを 買いました。
　　Ho comprato la casa dove abitava il sig. Miller.

⑤ わたしは ミラーさんが 住んで いた うちが 好きです。
　　A me piace la casa dove abitava il sig. Miller.

⑥ ミラーさんが 住んで いた うちに 猫が いました。
　　Nella casa in cui abitava il sig. Miller c'era un gatto.

⑦ ミラーさんが 住んで いた うちへ 行った ことが あります。
　　Mi è capitato di andare nella casa dove abitava il sig. Miller.

3) Il soggetto della frase che modifica un nome è indicato da が.

⑧ これは ミラーさんが 作った ケーキです。
Questo è il dolce che ha fatto il sig. Miller.

⑨ わたしは カリナさんが かいた 絵が 好きです。
A me piacciono i quadri che ha dipinto la sig.na Karina.

⑩ [あなたは] 彼が 生まれた 所を 知って いますか。
[Tu] conosci il posto in cui lui è nato?

2. V forma diz. 時間／約束／用事

Quando si parla del tempo richiesto per fare qualcosa o si descrive un appuntamento o un impegno, il verbo prende la forma del dizionario e viene posto davanti al nome じかん, やくそく, ようじ, etc.

⑪ わたしは 朝ごはんを 食べる 時間が ありません。
Io non ho il tempo di fare colazione.

⑫ わたしは 友達と 映画を 見る 約束が あります。
Ho fissato di vedere un film con un amico.

⑬ きょうは 市役所へ 行く 用事が あります。
Oggi devo andare in Comune. (lett. Ho un impegno, che è quello di andare...)

3. V(forma-ます)ましょうか   Vogliamo (fare)...

Nella Lezione 14 questa espressione è usata per offrire qualcosa all'interlocutore. In questa lezione invece, indica che il parlante suggerisce all'interlocutore di fare qualcosa insieme.

⑭ この 部屋、きょう 見る ことが できますか。
……ええ。今から 行きましょうか。
Possiamo vederla oggi questa stanza?
……Certo, vogliamo andarci ora?

Lezione 23

I. Vocaboli

ききます I [せんせいに〜]	聞きます [先生に〜]	chiedere [all'insegnante]
まわします I	回します	ruotare, girare
ひきます I	引きます	tirare
かえます II	変えます	cambiare
さわります I [ドアに〜]	触ります	toccare [una porta]
でます II [おつりが〜]	出ます[お釣りが〜]	uscire [il resto]
あるきます I	歩きます	camminare
わたります I [はしを〜]	渡ります [橋を〜]	attraversare [un ponte]
まがります I [みぎへ〜]	曲がります [右へ〜]	svoltare [a destra]
さびしい	寂しい	triste, solitario
[お]ゆ	[お]湯	acqua calda
おと	音	suono
サイズ		taglia, misura
こしょう	故障	guasto (〜します: rompersi, guastarsi)
みち	道	strada
こうさてん	交差点	incrocio
しんごう	信号	semaforo
かど	角	angolo
はし	橋	ponte
ちゅうしゃじょう	駐車場	parcheggio
たてもの	建物	edificio
なんかいも	何回も	più volte
−め	−目	primo, secondo... (suffisso per i numeri ordinali)

聖徳太子 (しょうとくたいし)   Principe Shotoku (574-622)
法隆寺 (ほうりゅうじ)   nome di un tempio buddista di Nara edificato all'inizio del VII sec. da Shotoku Taishi

元気茶 (げんきちゃ)   nome di un tipo di tè (nome fittizio)
本田駅 (ほんだえき)   nome di una stazione (nome fittizio)
図書館前 (としょかんまえ)   nome di una fermata d'autobus (nome fittizio)

II. Traduzione

Frasi modello
1. Quando si prende in prestito un libro dalla biblioteca, occorre la tessera.
2. Se si preme questo pulsante, esce il resto.

Frasi di esempio
1. Guarda spesso la televisione?
   ⋯⋯Beh, quando c'è la partita di baseball, la guardo.
2. Cosa fai, quando non c'è niente in frigorifero?
   ⋯⋯Vado a mangiare a un ristorante qui vicino.
3. Hai spento il condizionatore prima di uscire dalla sala riunioni?
   ⋯⋯Sì, l'ho spento.
4. Sig. Santos, dove compra vestiti, scarpe, etc.?
   ⋯⋯Li compro quando torno al mio paese, perché quelli giapponesi sono piccoli.
5. Che cos'è quello?
   ⋯⋯È "Genki-cha". Lo bevo quando non mi sento in forma.
6. Quando hai tempo libero, perché non vieni a casa mia a trovarmi?
   ⋯⋯Ah, sì, grazie.
7. Quando eri studente, hai fatto qualche lavoro part-time?
   ⋯⋯Sì, ogni tanto.
8. Non esce l'acqua calda.
   ⋯⋯Se premi lì, esce.
9. Mi scusi, dov'è l'ufficio del Comune?
   ⋯⋯Se va diritto per questa strada, [lo trova] sulla sinistra. È un vecchio edificio.

Conversazione

Come ci si arriva?

Bibliotecaria:	Biblioteca Midori, buongiorno.
Karina:	Scusi, come faccio ad arrivare da voi?
Bibliotecaria:	Prenda l'autobus n.12 dalla stazione di Honda, e scenda alla fermata "Toshokanmae". È la terza fermata.
Karina:	La terza fermata, giusto?
Bibliotecaria:	Sì, quando scende, davanti c'è un parco. La biblioteca è l'edificio bianco in mezzo al parco.
Karina:	Ho capito. E poi [volevo sapere], quando prendo in prestito un libro, occorre qualcosa?
Bibliotecario:	Porti qualcosa da cui si capisca il suo nome e il suo indirizzo.
Karina:	D'accordo. La ringrazio.

III. Parole e informazioni utili

道路・交通　Strade e traffico

① 歩道 — marciapiede
② 車道 — carreggiata
③ 高速道路 — autostrada
④ 通り — strada, via
⑤ 交差点 — incrocio
⑥ 横断歩道 — strisce pedonali
⑦ 歩道橋 — cavalcavia pedonale, sovrapassaggio
⑧ 角 — angolo
⑨ 信号 — semaforo
⑩ 坂 — salita (pendio)
⑪ 踏切 — passaggio a livello
⑫ ガソリンスタンド — distributore di benzina

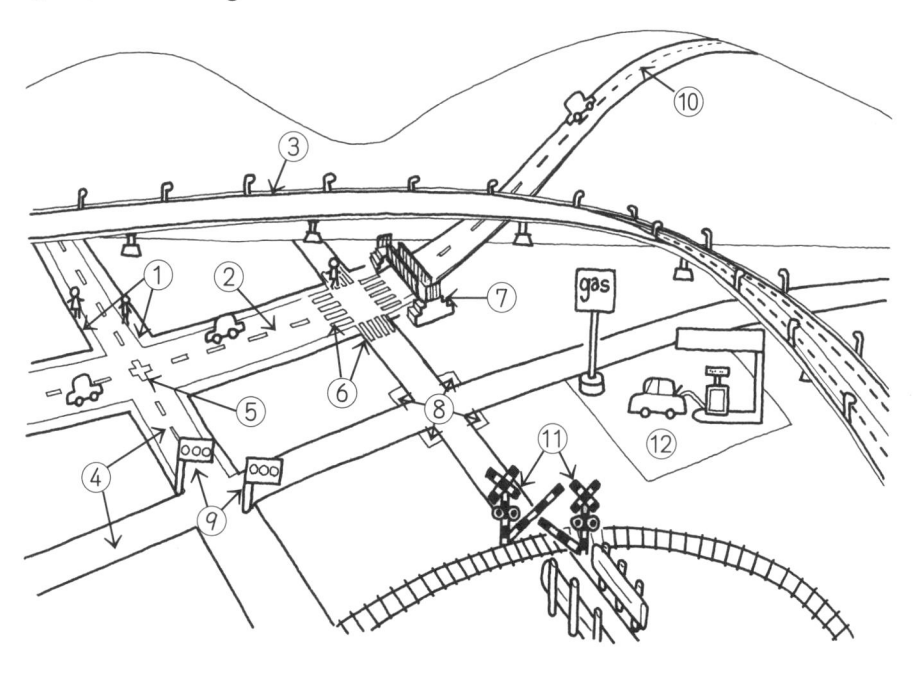

止まれ	進入禁止	一方通行	駐車禁止	右折禁止
stop	divieto di accesso	senso unico	divieto di sosta	divieto di svolta a destra

IV. Note grammaticali

1.
$$\left.\begin{array}{l}\textbf{V forma diz.}\\ \textbf{V(forma-ない)ない}\\ \textbf{Agg-い(〜い)}\\ \textbf{Agg-な[な]}\\ \textbf{N の}\end{array}\right\} \text{とき、〜(frase principale)} \quad \text{Quando...}$$

とき si usa per connettere due frasi delle quali la prima specifica il tempo o l'occasione in cui la seconda (frase principale) esiste o avviene. La forma che precede とき è la stessa utilizzata per modificare i nomi.

① 図書館で 本を 借りる とき、カードが 要ります。
   Quando prendi in prestito un libro in biblioteca, occorre la tessera.
② 使い方が わからない とき、わたしに 聞いて ください。
   Quando non capisci come si usa, chiedi a me.
③ 体の 調子が 悪い とき、「元気茶」を 飲みます。
   Quando il corpo è in cattiva forma, io bevo "Genki-cha".
④ 暇な とき、うちへ 遊びに 来ませんか。
   Quando hai tempo, perché non vieni a trovarmi?
⑤ 妻が 病気の とき、会社を 休みます。
   Quando mia moglie è ammalata, prendo ferie dal lavoro.
⑥ 若い とき、あまり 勉強しませんでした。
   Quand'ero giovane, non ho studiato molto.
⑦ 子どもの とき、よく 川で 泳ぎました。
   Quand'ero bambino, nuotavo spesso nel fiume.

Il tempo della frase che modifica とき non cambia rispetto al tempo della frase principale.

2.
$$\left.\begin{array}{l}\textbf{V forma diz.}\\ \textbf{V forma-た}\end{array}\right\} \text{とき、〜(frase principale)} \quad \text{Quando...}$$

Quando il verbo che precede とき è nella forma del dizionario (presente), tutto quello che è descritto dalla frase principale avviene prima di quanto descritto nella frase 〜とき. Quando il verbo che precede とき è nella forma-た, tutto quello che è descritto dalla frase principale avviene dopo quanto descritto nella frase 〜とき.

⑧ パリへ 行く とき、かばんを 買いました。
   Al momento di (prima di) andare a Parigi, ho comprato una borsa.
⑨ パリへ 行った とき、かばんを 買いました。
   Quando sono andato (una volta andato) a Parigi, ho comprato una borsa.

Nell'esempio ⑧ l'azione di comprare la borsa avviene prima di arrivare a Parigi, per esempio se l'ho comprata lungo la strada. Nell'esempio ⑨ invece compro la borsa dopo essere arrivato a Parigi.

3. | **V forma diz. と、～(frase principale)** | Se... allora...

Questa costruzione serve a dichiarare che se una certa azione, situazione o fenomeno (che compare prima del と) avviene, allora inevitabilmente un'altra azione, situazione o fenomeno (espressa dalla frase principale, dopo il と) avverrà di conseguenza.

⑩　この ボタンを 押すと、お釣りが 出ます。
　　Se premi questo pulsante, esce il resto.
⑪　これを 回すと、音が 大きく なります。
　　Se ruoti questo, si alza il volume.
⑫　右へ 曲がると、郵便局が あります。
　　Se svolti a destra c'è l'ufficio postale.

4. | **N が Agg** |

Nella Lezione 14 abbiamo visto che が è usato per descrivere un fenomeno percepito dai cinque sensi (vista, udito, etc.), o quando si riporta oggettivamente un evento. が può essere usato non solo con frasi verbali, ma anche con frasi aggettivali.

⑬　音が 小さいです。　　　　　　Il volume (il suono) è basso.

5. | **N を V di movimento** |

Con verbi di movimento quali さんぽします, わたります, あるきます, etc., la particella を è usata per indicare il luogo attraverso il quale il movimento avviene.

⑭　公園を 散歩します。　　　　Passeggio per il parco. (L.13)
⑮　道を 渡ります。　　　　　　Attraverso la strada.
⑯　交差点を 右へ 曲がります。　Svolto a destra all'incrocio.

Lezione 24

I. Vocaboli

くれます II		dare (a me)
なおします I	直します	riparare, correggere
つれて いきます I	連れて 行きます	accompagnare, condurre (qualcuno)
つれて きます III *	連れて 来ます	portare (qualcuno)
おくります I [ひとを〜]	送ります [人を〜]	accompagnare [qualcuno] (alla stazione, a casa)
しょうかいします III	紹介します	presentare
あんないします III	案内します	fare da guida
せつめいします III	説明します	spiegare
おじいさん／ 　おじいちゃん		nonno, anziano
おばあさん／ 　おばあちゃん		nonna, anziana
じゅんび	準備	preparazione (〜[を] します: preparare)
ひっこし	引っ越し	trasloco (〜[を] します: fare un trasloco)
[お]かし	[お]菓子	dolcetto, snack, salatini
ホームステイ		homestay, essere ospitato in una famiglia
ぜんぶ	全部	tutto, intero
じぶんで	自分で	da solo, per conto proprio

〈会話〉

ほかに　　　　　　　　　　　oltre a

....

母の日　　　　　　　　　　　festa della mamma

II. Traduzione

Frasi modello
1. La sig.na Sato mi ha dato del cioccolato.
2. Mi sono fatto correggere la relazione dal sig. Yamada.
3. Mia madre mi ha spedito un maglione.
4. Ho prestato un libro alla sig.na Kimura.

Frasi di esempio
1. Taro, ti piace la nonna?
   ……Sì, mi piace. Mi dà sempre dei dolci.
2. È un buon vino, vero?
   ……Eh, sì, me l'ha dato la sig.na Sato. È un vino francese.
3. Sig. Miller, il mangiare per la festa di ieri l'ha preparato lei tutto da solo?
   ……No, mi sono fatto dare una mano dal sig. Wang.
4. Sei andato in treno?
   ……No, mi ha accompagnato il sig. Yamada con la macchina.
5. Taro, per la festa della mamma cosa le farai?
   ……Le suonerò il pianoforte.

Conversazione

Vengo a darle una mano?

Karina: Sig. Wang, domenica ha il trasloco, vero?
Vengo a darle una mano?
Wang: Sì, grazie.
Allora se non le spiace, potrebbe venire verso le 9:00?
Karina: Oltre a me chi viene ad aiutarla?
Wang: Vengono il sig. Yamada e il sig. Miller.
Karina: E per la macchina?
Wang: Me la farò prestare dal sig. Yamada.
Karina: Cosa fa per il pranzo?
Wang: Uhm...
Karina: Vuole che le porti un cestino per il pranzo?
Wang: Sì grazie, la prego.
Karina: Allora, a domenica.

III. Parole e informazioni utili

贈答の 習慣　Scambi di regali
ぞうとう　しゅうかん

お年玉 (としだま)	piccola somma di denaro che a capodanno i genitori o i parenti danno ai bambini
入学祝い (にゅうがくいわい)	regalo per festeggiare l'ammissione a scuola o all'università (soldi, articoli di cancelleria, libri, etc.)
卒業祝い (そつぎょういわい)	regalo di laurea (soldi, articoli di cancelleria, libri, etc.)
結婚祝い (けっこんいわい)	regalo di nozze (soldi, elettrodomestici, etc.)
出産祝い (しゅっさんいわい)	regalo per il neonato (vestitini, giocattoli, etc.)
お中元 (ちゅうげん) [luglio o agosto] お歳暮 (せいぼ) [dicembre]	regalo per una persona che si prende regolarmente cura di noi come il medico, il professore, il capoufficio, etc. (generi alimentari, etc.)
お香典 (こうでん)	denaro che si offre ai familiari di un defunto
お見舞い (みまい)	regalo che si porta a una persona ammalata (fiori, frutta, etc.)

熨斗袋 (のしぶくろ) Busta dentro la quale si mettono i soldi da regalare a qualcuno

A seconda dell'occasione, è necessario scegliere la busta adeguata.

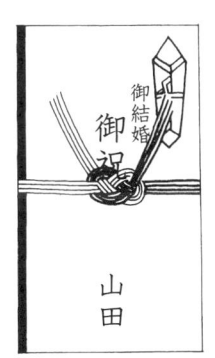

per matrimoni (con fiocco rosso e bianco, o dorato e argentato)

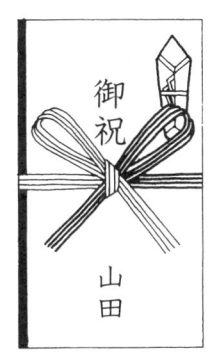

per altre celebrazioni diverse dai matrimoni (con fiocco rosso e bianco, o dorato e argentato)

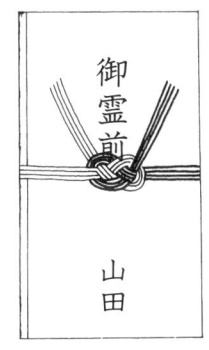

per funerali (con fiocco nero e bianco)

IV. Note grammaticali

1. くれます

Il verbo あげます (dare) visto nella Lezione 7 non può essere utilizzato nel caso in cui qualcuno dia qualcosa al parlante o alla sua famiglia. In questi casi si utilizza la parola くれます.

① わたしは 佐藤さんに 花を あげました。　Ho dato dei fiori alla sig.na Sato.

×佐藤さんは わたしに クリスマスカードを あげました。

② 佐藤さんは わたしに クリスマスカードを くれました。
La sig.na Sato mi ha dato un biglietto d'auguri di Natale.

③ 佐藤さんは 妹に お菓子を くれました。
La sig.na Sato ha dato dei dolci alla mia sorellina.

2. V forma- て { あげます / もらいます / くれます }

あげます, もらいます, くれます indicano il dare e il ricevere oggetti, mentre 〜て あげます, 〜て もらいます, 〜て くれます indicano che quell'azione è fatta a beneficio di qualcuno.

1) V forma- て あげます

Con questa costruzione, il soggetto del verbo è anche colui che esegue l'azione, che porta profitto o beneficio a qualcun altro.

④ わたしは 木村さんに 本を 貸して あげました。
Ho prestato un libro alla sig.na Kimura.

Siccome 〜て あげます implica la concessione di un beneficio al ricevente, questo può suonare arrogante se utilizzato nei confronti di una persona di status superiore a quello del parlante. In questo caso, per offrire il proprio aiuto a una persona di status superiore, è preferibile usare la costruzione V(forma-ます)ましょうか (vedi Lezione 14-5).

⑤ タクシーを 呼びましょうか。　　　　Le chiamo un taxi? (L.14)

⑥ 手伝いましょうか。　　　　　　　　La posso aiutare? (L.14)

2) V forma- て もらいます

⑦ わたしは 山田さんに 図書館の 電話番号を 教えて もらいました。
Mi sono fatto dare il numero di telefono della biblioteca dal sig. Yamada.

Questa costruzione si usa quando il parlante assume che il soggetto, cioè colui che subisce l'azione, ha tratto da questa beneficio o profitto. Nel caso in cui il soggetto sia わたし questo è generalmente omesso.

3) V forma-て くれます

⑧ 母は [わたしに] セーターを 送って くれました。
　　La mamma mi ha spedito un maglione.

Qui la persona che compie l'azione è anche il soggetto del verbo, e il parlante sente che la persona per la quale l'azione è stata compiuta, ne ha tratto un beneficio. Quando chi riceve l'azione (indicato dalla particella に) è わたし, questo è generalmente omesso.
[Nota] In una frase con ～て あげます, ～て くれます la particella che indica chi riceve l'azione è la stessa che nelle frasi equivalenti che non usano ～て あげます, ～て くれます.

わたしに 旅行の 写真を 見せます。
↓
わたしに 旅行の 写真を 見せて くれます。　　Mi mostra le foto del viaggio.

わたしを 大阪城へ 連れて 行きます。
↓
わたしを 大阪城へ 連れて 行って くれます。　　Mi porta al Castello di Osaka.

わたしの 引っ越しを 手伝います。
↓
わたしの 引っ越しを 手伝って くれます。　　Mi aiuta a traslocare.

3. N₁は N₂が V

⑨ おいしい ワインですね。
　　……ええ、[この ワインは] 佐藤さんが くれました。
　　È un vino molto buono, vero?
　　……Eh sì, [questo vino] me l'ha dato la sig.na Sato.

La risposta a questa domanda prende come tema della frase さとうさんが この ワインを くれました il suo complemento oggetto この ワインを (vedi Lezione 17-5). Poiché il tema この ワインは è sottinteso da entrambi gli interlocutori, può essere omesso nella risposta. Siccome さとうさん è il soggetto del verbo viene indicata con が.

Lezione 25

I. Vocaboli

かんがえますⅡ	考えます	pensare, ragionare, considerare
つきますⅠ	着きます	arrivare
とりますⅠ ［としを～］	取ります ［年を～］	invecchiare
たりますⅡ	足ります	bastare, essere sufficiente
いなか	田舎	campagna, zona rurale
チャンス		occasione
おく	億	cento milioni
もし［～たら］		se ～
いみ	意味	significato

〈練習C〉
もしもし   pronto (al telefono)

〈会話〉
転勤   trasferimento del posto di lavoro (～します: venire trasferito)

こと   fatto, cosa, avvenimento (～の こと: il fatto di ～)

暇   tempo libero

[いろいろ] お世話に なりました。   Grazie per esservi presi cura di me. (saluto alla fine di una relazione di lavoro etc.)

頑張りますⅠ   fare del proprio meglio, impegnarsi (in qualcosa)

どうぞ お元気で。   Figurati, stammi bene. (saluto prima di una lunga separazione)

───────────────────────────────

ベトナム   Vietnam

II. Traduzione

Frasi modello
1. Se piove, non esco.
2. Anche se piove, esco.

Frasi di esempio
1. Se per caso avessi 100 milioni di yen, cosa faresti?
   ······Vorrei costruire una scuola.
2. Se si fermano i treni, gli autobus, etc., cosa fai?
   ······Torno a casa a piedi.
3. Quel nuovo negozio di calzature ha tante belle scarpe.
   ······Davvero? Se costano poco, vorrei comprarle.
4. Devo venire anche domani?
   ······Se non è possibile, venga la prossima settimana.
5. Hai già pensato un nome per il bambino?
   ······Sì. "Hikaru" se è un maschio, "Aya" se è una femmina.
6. Quando finisci l'università, lavorerai subito?
   ······No, vorrei viaggiare in diversi paesi più o meno per un anno.
7. Professore, non capisco il significato di questa parola.
   ······Hai guardato il dizionario?
   Sì, ma non lo capisco lo stesso.
8. Quando fa caldo, accendi il condizionatore?
   ······No, anche se fa caldo, non lo accendo. Penso che non faccia bene alla salute.

Conversazione

Grazie di tutto

Kimura: Congratulazioni per il suo trasferimento!
Miller: Grazie.
Kimura: Quando il sig. Miller se ne sarà andato a Tokyo, saremo tristi, vero?
Sato: Eh, sì.
Kimura: Anche se sta a Tokyo, non si dimentichi di Osaka, eh!
Miller: Certamente. Cari tutti, se avete tempo, venite assolutamente a trovarmi a Tokyo.
Santos: Sig. Miller, anche lei se viene a Osaka, ci dia un colpo di telefono. Andiamo a bere qualcosa insieme.
Miller: Sì, volentieri.
A tutti voi, veramente grazie di esservi presi cura di me.
Sato: Forza e coraggio. E badi a se stesso.
Miller: Sì. Anche voi tutti, statemi bene.

III. Parole e informazioni utili

人の一生 (ひとの いっしょう) Vita

- 0歳 赤ちゃん (neonato) — 生まれます nascere
  - 保育園 (ほいくえん) asilo nido
  - 幼稚園 (ようちえん) scuola materna
- 6歳 子ども (bambino) — 学校に入ります accedere a una scuola
  - 小学校 (しょうがっこう) (6 anni) scuola elementare
  - 中学校 (ちゅうがっこう) (3) scuola media
  - 高等学校 (こうとうがっこう) (3) scuola superiore, liceo
- 18歳 青年 (せいねん) adolescente, ragazzo
  - 大学 (だいがく) (4) università
  - 短大 (たんだい) (2) università breve
  - 専門学校 (せんもんがっこう) (2) scuola di specializzazione
  - 大学院 (だいがくいん) (2〜6) corso post-laurea (master o dottorato)

学校を出ます diplomarsi, finire la scuola
就職します trovare impiego
結婚します sposarsi

- 30歳 — 子どもが生まれます avere dei bambini
- 40歳 中年 (ちゅうねん) mezza età
  - (離婚します りこん divorziare)
  - (再婚します さいこん risposarsi)
- 60歳 — 仕事をやめます ritirarsi dal lavoro
- 70歳 老人 (ろうじん) anziano
- ? — 死にます morire

Durata media della vita dei giapponesi

uomini 79.59
donne 86.44

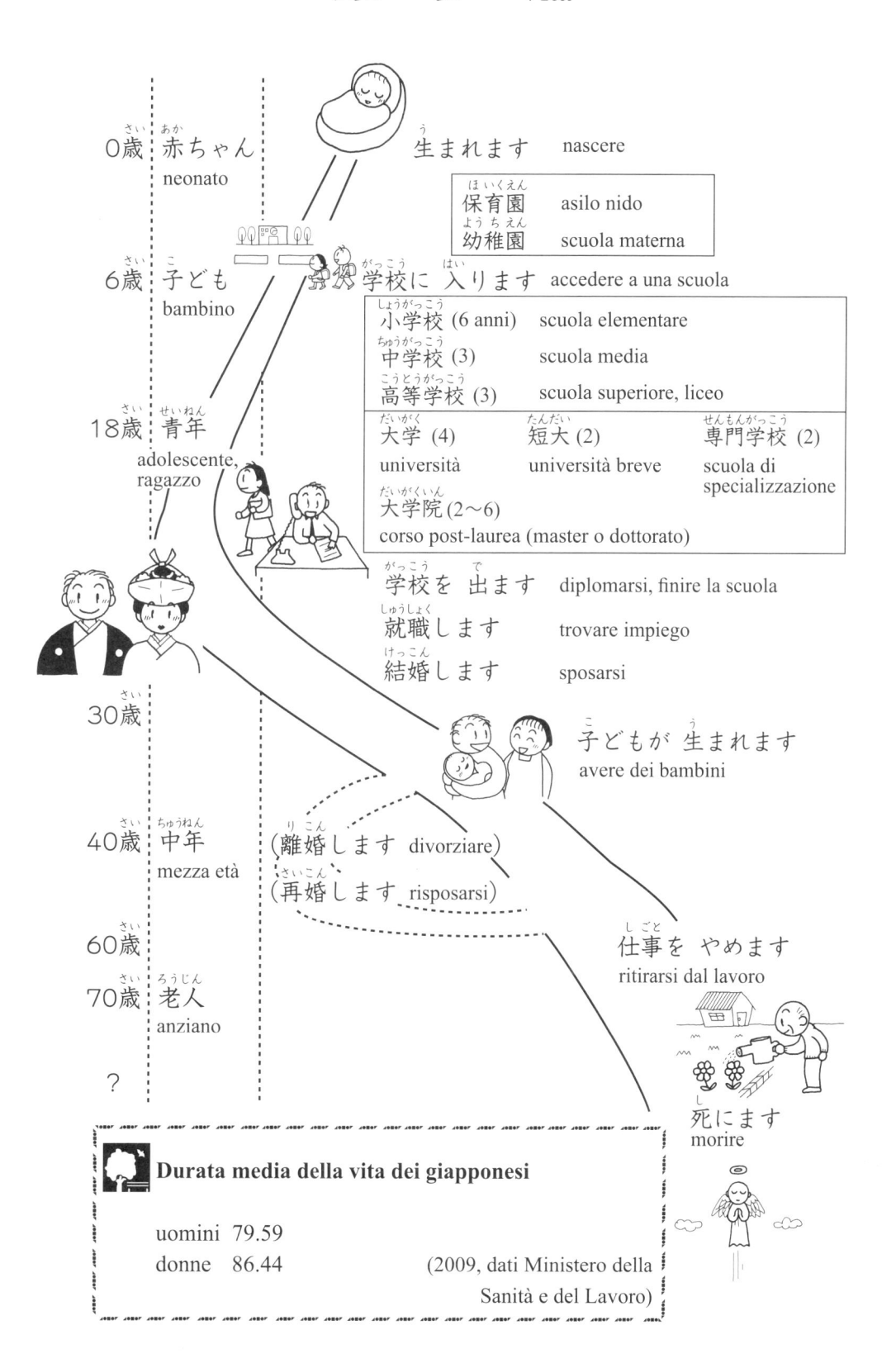

(2009, dati Ministero della Sanità e del Lavoro)

IV. Note grammaticali

1. | Forma piana passata ら、~（frase principale） | Se...

Aggiungendo ら alla forma piana passata di verbi, aggettivi o nomi, otteniamo il condizionale. La frase principale che segue, descrive che cosa succederà se la condizione si verifica. Nella frase principale il parlante può esprimere intenzioni, desideri, inviti, richieste, etc.

① お金が あったら、旅行します。
   Se avessi i soldi, farei un viaggio.
② 時間が なかったら、テレビを 見ません。
   Se non ho tempo, non guardo la TV.
③ 安かったら、パソコンを 買いたいです。
   Se costasse poco, vorrei comprare un computer.
④ 暇だったら、手伝って ください。
   Se hai tempo, dammi una mano per favore.
⑤ いい 天気だったら、散歩しませんか。
   Se è bel tempo, perché non facciamo una passeggiata?

［Nota］Espressioni di desiderio, invito, richiesta, intenzione, etc. non possono essere utilizzate con il ～と．

×時間が あると、
　┌コンサートに 行きます。　　　　（intenzione）
　├コンサートに 行きたいです。　　（desiderio）
　├コンサートに 行きませんか。　　（invito）
　└ちょっと 手伝って ください。　（richiesta）

2. | V forma- たら、~（frase principale） | Quando.../Dopo che.../Una volta che...

V forma- たら è utilizzato per esprimere che una certa azione verrà compiuta o una certa situazione si realizzerà (frase principale), una volta che l'azione o lo stato indicati con たら saranno portati a termine.

⑥ 10時に なったら、出かけましょう。
   Quando saranno le dieci, usciamo.
⑦ うちへ 帰ったら、すぐ シャワーを 浴びます。
   Appena torno a casa mi farò una doccia.

3.
| V forma- て |
| V (forma- ない) なくて |
| Agg- い (～い) → ～くて } も、～(frase principale)   Anche se... |
| Agg- な [な] → ～で |
| N で |

Questa costruzione è utilizzata per presentare condizioni contrastanti. La frase che segue la forma- ても (la frase principale) indica qualcosa che avverrà anche se la premessa farebbe supporre il contrario.

⑧ 雨が 降っても、洗濯します。　Anche se piove, faccio il bucato.

⑨ 安くても、わたしは グループ旅行が 嫌いです。
　　Anche se costano poco, non mi piacciono i viaggi in comitiva.

⑩ 便利でも、パソコンを 使いません。
　　Anche se è comodo, non uso il computer.

⑪ 日曜日でも、働きます。　Anche se è domenica, lavoro.

4. もし

もし si utilizza insieme a ～たら per evidenziare che la frase che lo segue è un condizionale. Intensifica il senso di condizionale secondo il parlante.

⑫ もし 1億円 あったら、いろいろな 国を 旅行したいです。
　　Se per caso avessi 100 milioni di yen, vorrei fare dei viaggi in vari paesi.

5. **Soggetto di una frase subordinata**

Nella Lezione 16 abbiamo visto che il soggetto di una frase ～てから è indicato da が. Allo stesso modo di ～てから, ～とき, ～と, ～まえに, anche con ～たら, ～ても il soggetto della subordinata è indicato da が.

⑬ 友達が 来る まえに、部屋を 掃除します。
　　Prima che arrivino gli amici, pulisco la stanza. (L.18)

⑭ 妻が 病気の とき、会社を 休みます。
　　Quando mia moglie è ammalata, prendo ferie dal lavoro. (L.23)

⑮ 友達が 約束の 時間に 来なかったら、どう しますか。
　　Se gli amici non vengono all'ora stabilita, come si fa? (L.25)

Approfondimento 1: Tema e soggetto

1. Cos'è il "tema"?

Molte frasi in giapponese hanno un tema. Il tema appare in cima al discorso e indica ciò di cui si sta parlando. Per esempio, nella frase (1) qui sotto, si indica 東京 come tema del discorso, e poi si dichiara che quella è 日本の 首都.

(1) 東京は 日本の 首都です。　Tokyo è la capitale del Giappone.

Allo stesso modo negli esempi (2) e (3), si parla rispettivamente a proposito di この部屋 e わたし.

(2) この 部屋は 静かです。　Questa stanza è silenziosa.
(3) わたしは 先週 ディズニーランドへ 行きました。

Io la settimana scorsa sono andato a Disneyland.

Il tema della frase è indicato da は. Questo significa che una frase con un tema è composta da due parti, una precedente il は (il tema) e una che lo segue (il discorso o la spiegazione concernente il tema).

(1) <u>東京は</u>　日本の 首都です。
　　 tema　　　spiegazione

2. Cos'è il "soggetto"?

Il soggetto di una frase è l'elemento più importante per il predicato (che sia questo un verbo, aggettivo, o nome + です) di quella frase. Per esempio, in verbi come 飲みます (bere), 走ります (correre) il soggetto è colui che beve o corre; con verbi come います, あります (esserci, esistere) è la persona o la cosa che esiste; in verbi come 降ります (piovere) o 吹きます (soffiare) è l'attore principale del verbo (qualunque sia la cosa che piove o che soffia); con aggettivi come 大きいです (grande), 有名です (famoso), o con nomi come 学生です (studente), 病気です (malato) è il possessore dell'attributo menzionato; e con predicati aggettivali come 好きです (piacere), 怖いです (paura) è colui che prova quella sensazione. Di conseguenza, tutti i nomi sottolineati negli esempi sotto sono soggetto della frase.

Nelle frasi senza tema, il soggetto è indicato da が.

(4) 太郎が ビールを 飲みました。　Taro ha bevuto della birra.
(5) 机の 上に 本が あります。　Sopra al tavolo c'è un libro.
(6) きのう 雨が 降りました。　Ieri è piovuto (la pioggia).

3. Il rapporto tra tema e soggetto

Anche se tema e soggetto sono concetti diversi, sono comunque in stretta relazione tra di loro. In molte frasi con tema, il tema stesso è il soggetto della frase. Per esempio, 田中さん, 佐藤さん e わたし nelle frasi (7), (8) e (9) sono tutti temi (perché seguiti da は) ma allo stesso tempo sono soggetti (perché sono tutti possessori di un attributo o di una sensazione espressa nella frase).

(7) 田中さんは 有名です。 Il sig. Tanaka è famoso.
(8) 佐藤さんは 学生です。 Il sig. Sato è uno studente.
(9) わたしは 犬が 怖いです。 Io ho paura dei cani.

Anche se è molto comune che tema e soggetto coincidano, a volte questo non avviene. Nell'esempio (10) qui sotto, この 本 è il tema (perché seguito da は), ma non è il soggetto del verbo 書きます, perché questa è un'azione compiuta da 田中さん.

(10) この 本は 田中さんが 書きました。 Questo libro l'ha scritto il sig. Tanaka.

Possiamo pensare l'esempio (10) come se si trattasse dell'esempio (11) il cui complemento oggetto (この 本を) è diventato tema del discorso.

(11) 田中さんが この 本を 書きました。 Il sig. Tanaka ha scritto questo libro.
(12) この 本をは 田中さんが 書きました。 Questo libro l'ha scritto il sig. Tanaka.

In pratica この 本を si sposta all'inizio della frase, e viene seguito da は. Ma siccome を e は non possono essere usati insieme, を si elimina e rimane solo は, come nella frase (10).

Al contrario di が e を, altre particelle possono essere usate insieme a は, come negli esempi sotto.

(13) 田中さんには わたしが 連絡します。

Con il sig. Tanaka mi metterò io in contatto.

(14) 山田さんからは 返事が 来ませんでした。

Dal sig. Yamada non è arrivata nessuna risposta.

4. Frasi con o senza il tema

Molte frasi giapponesi hanno il loro tema, ma alcune non ce l'hanno. Nelle frasi con tema, il soggetto è indicato da は, mentre in quelle senza tema, il soggetto è indicato da が. Ecco alcuni esempi di frasi senza tema.

1) Quando si descrive un evento esattamente come questo è stato visto o sentito

Le frasi senza tema si usano per descrivere fatti esattamente come questi sono percepiti dai cinque sensi.

(15) あっ、雨が 降って います。　Ah, sta piovendo.

(16) ラジオの 音が 小さいです。　Il volume della radio è basso.

(17) (窓の 外を 見て)月が きれいだなぁ。

(*guardando fuori dalla finestra*) La luna è proprio bella!

2) Quando si comunica un evento in maniera obiettiva, oppure all'inizio di una storia

Una frase senza tema è utilizzata anche nei seguenti casi:

(18) きのう 太郎が 来ました。　Ieri è venuto Taro.

(19) 来週 パーティーが あります。　La prossima settimana c'è un festa.

(20) むかしむかし ある ところに おじいさんと おばあさんが いました。

Tanto tempo fa, in un certo luogo, c'erano un vecchio e una vecchia.

Approfondimento 2: Proposizioni

La proposizione è la forma che una frase prende quando è parte di una frase più lunga. Negli esempi (1) e (2) qui sotto, 田中さんが ここへ 来ました e あした 雨が 降ります sono parte di una frase più lunga.

(1) 田中さんが ここへ 来た とき、山田さんは いませんでした。

Quando il sig. Tanaka è venuto qui, il sig. Yamada non c'era.

(2) あした 雨が 降ったら、わたしは 出かけません。

Se domani piove, io non esco.

In questo modo, la frase che è parte di un periodo più lungo si dice proposizione subordinata, mentre la parte rimanente si dice proposizione principale.

Una proposizione subordinata amplifica il significato della principale. Per esempio la proposizione subordinata di (2) limita il significato della principale alla condizione あした 雨が 降ったら.

In giapponese, di solito la proposizione subordinata precede la principale. Il soggetto di una proposizione subordinata è indicato con が e non con は, a meno che la proposizione subordinata in questione sia una avversativa (cioè che termina con 〜が o 〜けど): in questo caso si utilizza は.

APPENDICI

1. Numerali

0	ゼロ、れい	100	ひゃく
1	いち	200	にひゃく
2	に	300	さんびゃく
3	さん	400	よんひゃく
4	よん、し	500	ごひゃく
5	ご	600	ろっぴゃく
6	ろく	700	ななひゃく
7	なな、しち	800	はっぴゃく
8	はち	900	きゅうひゃく
9	きゅう、く		
10	じゅう	1,000	せん
11	じゅういち	2,000	にせん
12	じゅうに	3,000	さんぜん
13	じゅうさん	4,000	よんせん
14	じゅうよん、じゅうし	5,000	ごせん
15	じゅうご	6,000	ろくせん
16	じゅうろく	7,000	ななせん
17	じゅうなな、じゅうしち	8,000	はっせん
18	じゅうはち	9,000	きゅうせん
19	じゅうきゅう、じゅうく		
20	にじゅう	10,000	いちまん
30	さんじゅう	100,000	じゅうまん
40	よんじゅう	1,000,000	ひゃくまん
50	ごじゅう	10,000,000	せんまん
60	ろくじゅう	100,000,000	いちおく
70	ななじゅう、しちじゅう		
80	はちじゅう	17.5	じゅうななてんご
90	きゅうじゅう	0.83	れいてんはちさん

$\dfrac{1}{2}$ にぶんの いち

$\dfrac{3}{4}$ よんぶんの さん

II. Espressioni di tempo

giorno	mattina	sera, notte
おととい l'altro ieri	おとといの あさ ieri l'altro mattina	おとといの ばん（よる） ieri l'altro sera/notte
きのう ieri	きのうの あさ ieri mattina	きのうの ばん（よる） ieri sera/notte
きょう oggi	けさ stamattina	こんばん（きょうの よる） stasera, stanotte
あした domani	あしたの あさ domattina	あしたの ばん（よる） domani sera/notte
あさって dopodomani	あさっての あさ dopodomani mattina	あさっての ばん（よる） dopodomani sera/notte
まいにち ogni giorno	まいあさ ogni mattina	まいばん ogni sera

settimana	mese	anno
せんせんしゅう （にしゅうかんまえ） due settimane fa	せんせんげつ （にかげつまえ） due mesi fa	おととし due anni fa
せんしゅう la settimana scorsa	せんげつ il mese scorso	きょねん l'anno scorso
こんしゅう questa settimana	こんげつ questo mese	ことし quest'anno
らいしゅう la prossima settimana	らいげつ il mese prossimo	らいねん l'anno prossimo
さらいしゅう fra due settimane	さらいげつ fra due mesi	さらいねん fra due anni
まいしゅう ogni settimana	まいつき ogni mese	まいとし、まいねん ogni anno

Modi di dire l'ora

ore 一時		minuti 一分	
1	いちじ	1	いっぷん
2	にじ	2	にふん
3	さんじ	3	さんぷん
4	よじ	4	よんぷん
5	ごじ	5	ごふん
6	ろくじ	6	ろっぷん
7	しちじ	7	ななふん
8	はちじ	8	はっぷん
9	くじ	9	きゅうふん
10	じゅうじ	10	じゅっぷん、じっぷん
11	じゅういちじ	15	じゅうごふん
12	じゅうにじ	30	さんじゅっぷん、さんじっぷん、はん
?	なんじ	?	なんぷん

giorno della settimana 〜曜日	
にちようび	domenica
げつようび	lunedì
かようび	martedì
すいようび	mercoledì
もくようび	giovedì
きんようび	venerdì
どようび	sabato
なんようび	quale giorno (della settimana)

data					
mese 一月		giorno 一日			
1	いちがつ	1	ついたち	17	じゅうしちにち
2	にがつ	2	ふつか	18	じゅうはちにち
3	さんがつ	3	みっか	19	じゅうくにち
4	しがつ	4	よっか	20	はつか
5	ごがつ	5	いつか	21	にじゅういちにち
6	ろくがつ	6	むいか	22	にじゅうににち
7	しちがつ	7	なのか	23	にじゅうさんにち
8	はちがつ	8	ようか	24	にじゅうよっか
9	くがつ	9	ここのか	25	にじゅうごにち
10	じゅうがつ	10	とおか	26	にじゅうろくにち
11	じゅういちがつ	11	じゅういちにち	27	にじゅうしちにち
12	じゅうにがつ	12	じゅうににち	28	にじゅうはちにち
?	なんがつ	13	じゅうさんにち	29	にじゅうくにち
		14	じゅうよっか	30	さんじゅうにち
		15	じゅうごにち	31	さんじゅういちにち
		16	じゅうろくにち	?	なんにち

III. Espressioni di durata

	tempo (nel senso di quantità)	
	ore 一時間	minuti 一分
1	いちじかん	いっぷん
2	にじかん	にふん
3	さんじかん	さんぷん
4	よじかん	よんぷん
5	ごじかん	ごふん
6	ろくじかん	ろっぷん
7	ななじかん、しちじかん	ななふん
8	はちじかん	はっぷん
9	くじかん	きゅうふん
10	じゅうじかん	じゅっぷん、じっぷん
?	なんじかん	なんぷん

	periodo (di tempo)			
	giorni 一日	settimane 一週間	mesi 一か月	anni 一年
1	いちにち	いっしゅうかん	いっかげつ	いちねん
2	ふつか	にしゅうかん	にかげつ	にねん
3	みっか	さんしゅうかん	さんかげつ	さんねん
4	よっか	よんしゅうかん	よんかげつ	よねん
5	いつか	ごしゅうかん	ごかげつ	ごねん
6	むいか	ろくしゅうかん	ろっかげつ、はんとし	ろくねん
7	なのか	ななしゅうかん	ななかげつ	ななねん、しちねん
8	ようか	はっしゅうかん	はちかげつ、はっかげつ	はちねん
9	ここのか	きゅうしゅうかん	きゅうかげつ	きゅうねん
10	とおか	じゅっしゅうかん、じっしゅうかん	じゅっかげつ、じっかげつ	じゅうねん
?	なんにち	なんしゅうかん	なんかげつ	なんねん

IV. Classificatori

	cose	persone	ordinali	cose sottili e piatte
		一人	一番	一枚
1	ひとつ	ひとり	いちばん	いちまい
2	ふたつ	ふたり	にばん	にまい
3	みっつ	さんにん	さんばん	さんまい
4	よっつ	よにん	よんばん	よんまい
5	いつつ	ごにん	ごばん	ごまい
6	むっつ	ろくにん	ろくばん	ろくまい
7	ななつ	ななにん、しちにん	ななばん	ななまい
8	やっつ	はちにん	はちばん	はちまい
9	ここのつ	きゅうにん	きゅうばん	きゅうまい
10	とお	じゅうにん	じゅうばん	じゅうまい
?	いくつ	なんにん	なんばん	なんまい

	macchine e veicoli	età, anni	libri e quaderni	vestiti
	一台	一歳	一冊	一着
1	いちだい	いっさい	いっさつ	いっちゃく
2	にだい	にさい	にさつ	にちゃく
3	さんだい	さんさい	さんさつ	さんちゃく
4	よんだい	よんさい	よんさつ	よんちゃく
5	ごだい	ごさい	ごさつ	ごちゃく
6	ろくだい	ろくさい	ろくさつ	ろくちゃく
7	ななだい	ななさい	ななさつ	ななちゃく
8	はちだい	はっさい	はっさつ	はっちゃく
9	きゅうだい	きゅうさい	きゅうさつ	きゅうちゃく
10	じゅうだい	じゅっさい、じっさい	じゅっさつ、じっさつ	じゅっちゃく、じっちゃく
?	なんだい	なんさい	なんさつ	なんちゃく

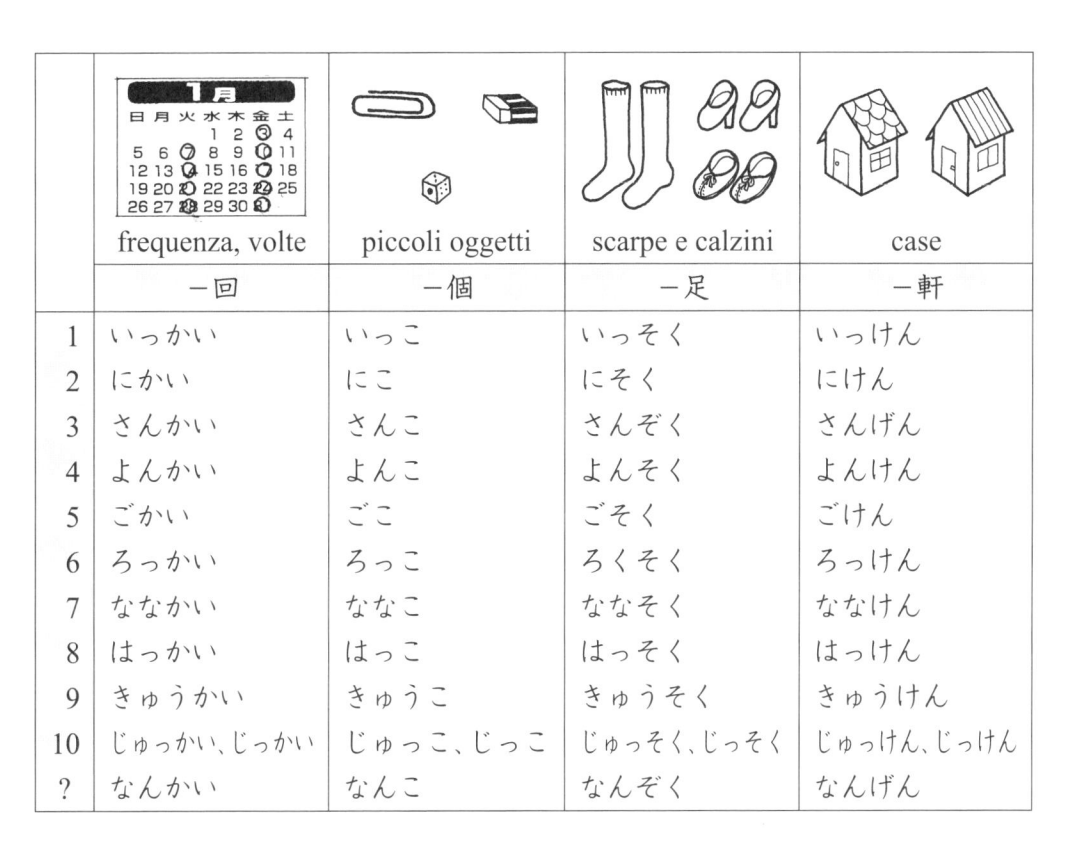

	frequenza, volte	piccoli oggetti	scarpe e calzini	case
	一回	一個	一足	一軒
1	いっかい	いっこ	いっそく	いっけん
2	にかい	にこ	にそく	にけん
3	さんかい	さんこ	さんぞく	さんげん
4	よんかい	よんこ	よんそく	よんけん
5	ごかい	ごこ	ごそく	ごけん
6	ろっかい	ろっこ	ろくそく	ろっけん
7	ななかい	ななこ	ななそく	ななけん
8	はっかい	はっこ	はっそく	はっけん
9	きゅうかい	きゅうこ	きゅうそく	きゅうけん
10	じゅっかい、じっかい	じゅっこ、じっこ	じゅっそく、じっそく	じゅっけん、じっけん
?	なんかい	なんこ	なんぞく	なんげん

	piani di edifici	oggetti allungati	bevande contenute in tazze o bicchieri	piccoli animali, pesci e insetti
	一階	一本	一杯	一匹
1	いっかい	いっぽん	いっぱい	いっぴき
2	にかい	にほん	にはい	にひき
3	さんがい	さんぼん	さんばい	さんびき
4	よんかい	よんほん	よんはい	よんひき
5	ごかい	ごほん	ごはい	ごひき
6	ろっかい	ろっぽん	ろっぱい	ろっぴき
7	ななかい	ななほん	ななはい	ななひき
8	はっかい	はっぽん	はっぱい	はっぴき
9	きゅうかい	きゅうほん	きゅうはい	きゅうひき
10	じゅっかい、じっかい	じゅっぽん、じっぽん	じゅっぱい、じっぱい	じゅっぴき、じっぴき
?	なんがい	なんぼん	なんばい	なんびき

V. Coniugazione dei verbi
Gruppo I

	forma-ます		forma-て	forma diz.
会います[ともだちに～]	あい	ます	あって	あう
遊びます	あそび	ます	あそんで	あそぶ
洗います	あらい	ます	あらって	あらう
あります	あり	ます	あって	ある
あります	あり	ます	あって	ある
あります[おまつりが～]	あり	ます	あって	ある
歩きます	あるき	ます	あるいて	あるく
言います	いい	ます	いって	いう
行きます	いき	ます	いって	いく
急ぎます	いそぎ	ます	いそいで	いそぐ
要ります[ビザが～]	いり	ます	いって	いる
動きます	うごき	ます	うごいて	うごく
歌います	うたい	ます	うたって	うたう
売ります	うり	ます	うって	うる
置きます	おき	ます	おいて	おく
送ります	おくり	ます	おくって	おくる
送ります[ひとを～]	おくり	ます	おくって	おくる
押します	おし	ます	おして	おす
思い出します	おもいだし	ます	おもいだして	おもいだす
思います	おもい	ます	おもって	おもう
泳ぎます	およぎ	ます	およいで	およぐ
下ろします[おかねを～]	おろし	ます	おろして	おろす
終わります	おわり	ます	おわって	おわる
買います	かい	ます	かって	かう
返します	かえし	ます	かえして	かえす
帰ります	かえり	ます	かえって	かえる
かかります	かかり	ます	かかって	かかる
書きます(かきます)	かき	ます	かいて	かく
貸します	かし	ます	かして	かす
勝ちます	かち	ます	かって	かつ

forma-ない		forma-た	significato	lezione
あわ	ない	あった	incontrare [un amico]	6
あそば	ない	あそんだ	giocare, divertirsi	13
あらわ	ない	あらった	lavare	18
—	ない	あった	avere	9
—	ない	あった	esserci (riferito a cose inanimate)	10
—	ない	あった	esserci, tenersi [un festival]	21
あるか	ない	あるいた	camminare	23
いわ	ない	いった	dire	21
いか	ない	いった	andare	5
いそが	ない	いそいだ	affrettarsi, essere di fretta	14
いら	ない	いった	necessitare [un visto]	20
うごか	ない	うごいた	muoversi, funzionare (macchina)	21
うたわ	ない	うたった	cantare	18
うら	ない	うった	vendere	15
おか	ない	おいた	posare, lasciare, porre	15
おくら	ない	おくった	mandare, spedire	7
おくら	ない	おくった	accompagnare [qualcuno] (alla stazione, a casa)	24
おさ	ない	おした	premere	16
おもいださ	ない	おもいだした	ricordare	15
おもわ	ない	おもった	pensare	21
およが	ない	およいだ	nuotare	13
おろさ	ない	おろした	ritirare [soldi (al bancomat o allo sportello)]	16
おわら	ない	おわった	finire	4
かわ	ない	かった	comprare	6
かえさ	ない	かえした	restituire	17
かえら	ない	かえった	tornare a casa (o al lavoro)	5
かから	ない	かかった	volerci (soldi, tempo), costare	11
かか	ない	かいた	scrivere, disegnare, dipingere	6
かさ	ない	かした	prestare	7
かた	ない	かった	vincere	21

	forma-ます		forma-て	forma diz.
かぶります	かぶり	ます	かぶって	かぶる
頑張ります	がんばり	ます	がんばって	がんばる
聞きます	きき	ます	きいて	きく
聞きます[せんせいに〜]	きき	ます	きいて	きく
切ります	きり	ます	きって	きる
消します	けし	ます	けして	けす
触ります[ドアに〜]	さわり	ます	さわって	さわる
知ります	しり	ます	しって	しる
吸います[たばこを〜]	すい	ます	すって	すう
住みます	すみ	ます	すんで	すむ
座ります	すわり	ます	すわって	すわる
出します	だし	ます	だして	だす
立ちます	たち	ます	たって	たつ
使います	つかい	ます	つかって	つかう
着きます	つき	ます	ついて	つく
作ります、造ります	つくり	ます	つくって	つくる
連れて行きます	つれていき	ます	つれていって	つれていく
手伝います	てつだい	ます	てつだって	てつだう
泊まります[ホテルに〜]	とまり	ます	とまって	とまる
取ります	とり	ます	とって	とる
撮ります[しゃしんを〜]	とり	ます	とって	とる
取ります[としを〜]	とり	ます	とって	とる
直します	なおし	ます	なおして	なおす
なくします	なくし	ます	なくして	なくす
習います	ならい	ます	ならって	ならう
なります	なり	ます	なって	なる
脱ぎます	ぬぎ	ます	ぬいで	ぬぐ
登ります、上ります	のぼり	ます	のぼって	のぼる
飲みます	のみ	ます	のんで	のむ
飲みます	のみ	ます	のんで	のむ
飲みます[くすりを〜]	のみ	ます	のんで	のむ

forma-ない		forma-た	significato	lezione
かぶら	ない	かぶった	mettersi (un cappello)	22
がんばら	ない	がんばった	fare del proprio meglio, impegnarsi (in qualcosa)	25
きか	ない	きいた	sentire, ascoltare	6
きか	ない	きいた	chiedere [all'insegnante]	23
きら	ない	きった	tagliare, affettare	7
けさ	ない	けした	spegnere	14
さわら	ない	さわった	toccare [una porta]	23
しら	ない	しった	sapere, conoscere	15
すわ	ない	すった	fumare [una sigaretta]	6
すま	ない	すんだ	vivere, abitare	15
すわら	ない	すわった	sedersi	14
ださ	ない	だした	tirare fuori, presentare (un report), spedire (una lettera)	16
たた	ない	たった	alzarsi in piedi	14
つかわ	ない	つかった	usare	14
つか	ない	ついた	arrivare	25
つくら	ない	つくった	fare, costruire, creare	15
つれて いか	ない	つれて いった	accompagnare, condurre (qualcuno)	24
てつだわ	ない	てつだった	aiutare (qualcuno a fare qualcosa)	14
とまら	ない	とまった	pernottare [in albergo]	19
とら	ない	とった	prendere	14
とら	ない	とった	fare [una foto]	6
とら	ない	とった	invecchiare	25
なおさ	ない	なおした	riparare, correggere	24
なくさ	ない	なくした	perdere, smarrire (qualcosa)	17
ならわ	ない	ならった	imparare, apprendere (da qualcuno)	7
なら	ない	なった	diventare, farsi (grande, primavera, etc.)	19
ぬが	ない	ぬいだ	togliersi (vestito, scarpe, etc.)	17
のぼら	ない	のぼった	scalare (montagna), salire (su edifici)	19
のま	ない	のんだ	bere	6
のま	ない	のんだ	bere alcolici	16
のま	ない	のんだ	prendere [una medicina]	17

	forma-ます		forma-て	forma diz.
乗ります[でんしゃに～]	のり	ます	のって	のる
入ります[きっさてんに～]	はいり	ます	はいって	はいる
入ります[だいがくに～]	はいり	ます	はいって	はいる
入ります[おふろに～]	はいり	ます	はいって	はいる
はきます	はき	ます	はいて	はく
働きます	はたらき	ます	はたらいて	はたらく
話します	はなし	ます	はなして	はなす
払います	はらい	ます	はらって	はらう
弾きます	ひき	ます	ひいて	ひく
引きます	ひき	ます	ひいて	ひく
降ります[あめが～]	ふり	ます	ふって	ふる
曲がります[みぎへ～]	まがり	ます	まがって	まがる
待ちます	まち	ます	まって	まつ
回します	まわし	ます	まわして	まわす
持ちます	もち	ます	もって	もつ
持って 行きます	もって いき	ます	もって いって	もって いく
もらいます	もらい	ます	もらって	もらう
役に 立ちます	やくに たち	ます	やくに たって	やくに たつ
休みます	やすみ	ます	やすんで	やすむ
休みます[かいしゃを～]	やすみ	ます	やすんで	やすむ
呼びます	よび	ます	よんで	よぶ
読みます	よみ	ます	よんで	よむ
わかります	わかり	ます	わかって	わかる
渡ります[はしを～]	わたり	ます	わたって	わたる

forma-ない	forma-た	significato	lezione
のら ない	のった	salire [sul treno]	16
はいら ない	はいった	entrare [al bar]	14
はいら ない	はいった	entrare [all'università]	16
はいら ない	はいった	fare [un bagno]	17
はか ない	はいた	mettersi (scarpe, pantaloni, etc.)	22
はたらか ない	はたらいた	lavorare	4
はなさ ない	はなした	parlare	14
はらわ ない	はらった	pagare	17
ひか ない	ひいた	suonare (strumenti a corde)	18
ひか ない	ひいた	tirare	23
ふら ない	ふった	piovere [pioggia]	14
まがら ない	まがった	svoltare [a destra]	23
また ない	まった	aspettare	14
まわさ ない	まわした	ruotare, girare	23
もた ない	もった	portare, prendere in mano	14
もっていか ない	もっていった	portare (qualcosa)	17
もらわ ない	もらった	ricevere (nel senso di fare proprio un oggetto)	7
やくにたた ない	やくにたった	essere utile	21
やすま ない	やすんだ	riposare, fare vacanza	4
やすま ない	やすんだ	prendere ferie [dal lavoro]	11
よば ない	よんだ	chiamare	14
よま ない	よんだ	leggere	6
わから ない	わかった	capire	9
わたら ない	わたった	attraversare [un ponte]	23

Gruppo II

	forma-ます		forma-て	forma diz.
開けます	あけ	ます	あけて	あける
あげます	あげ	ます	あげて	あげる
集めます	あつめ	ます	あつめて	あつめる
浴びます[シャワーを～]	あび	ます	あびて	あびる
います	い	ます	いて	いる
います[こどもが～]	い	ます	いて	いる
います[にほんに～]	い	ます	いて	いる
入れます	いれ	ます	いれて	いれる
生まれます	うまれ	ます	うまれて	うまれる
起きます	おき	ます	おきて	おきる
教えます	おしえ	ます	おしえて	おしえる
教えます[じゅうしょを～]	おしえ	ます	おしえて	おしえる
覚えます	おぼえ	ます	おぼえて	おぼえる
降ります[でんしゃを～]	おり	ます	おりて	おりる
換えます	かえ	ます	かえて	かえる
変えます	かえ	ます	かえて	かえる
かけます[でんわを～]	かけ	ます	かけて	かける
かけます[めがねを～]	かけ	ます	かけて	かける
借ります	かり	ます	かりて	かりる
考えます	かんがえ	ます	かんがえて	かんがえる
着ます	き	ます	きて	きる
気を つけます	きを つけ	ます	きを つけて	きを つける
くれます	くれ	ます	くれて	くれる
閉めます	しめ	ます	しめて	しめる
調べます	しらべ	ます	しらべて	しらべる
捨てます	すて	ます	すてて	すてる
食べます	たべ	ます	たべて	たべる
足ります	たり	ます	たりて	たりる
疲れます	つかれ	ます	つかれて	つかれる
つけます	つけ	ます	つけて	つける
出かけます	でかけ	ます	でかけて	でかける
できます	でき	ます	できて	できる
出ます[おつりが～]	で	ます	でて	でる

forma-ない	forma-た	significato	lezione
あけ ない	あけた	aprire	14
あげ ない	あげた	dare (nel senso di regalare)	7
あつめ ない	あつめた	raccogliere, collezionare	18
あび ない	あびた	fare [una doccia]	16
い ない	いた	esserci (riferito a persone e animali)	10
い ない	いた	avere [figli]	11
い ない	いた	stare [in Giappone]	11
いれ ない	いれた	mettere dentro, inserire	16
うまれ ない	うまれた	nascere	22
おき ない	おきた	svegliarsi, alzarsi	4
おしえ ない	おしえた	insegnare	7
おしえ ない	おしえた	dare [un indirizzo]	14
おぼえ ない	おぼえた	memorizzare	17
おり ない	おりた	scendere [dal treno]	16
かえ ない	かえた	scambiare, cambiare	18
かえ ない	かえた	cambiare	23
かけ ない	かけた	fare [una telefonata]	7
かけ ない	かけた	mettersi [gli occhiali]	22
かり ない	かりた	prendere in prestito	7
かんがえ ない	かんがえた	pensare, ragionare, considerare	25
き ない	きた	indossare (camicia)	22
きを つけ ない	きを つけた	fare attenzione (alle automobili, etc.)	21
くれ ない	くれた	dare (a me)	24
しめ ない	しめた	chiudere	14
しらべ ない	しらべた	cercare, indagare, consultare	20
すて ない	すてた	buttare via	18
たべ ない	たべた	mangiare	6
たり ない	たりた	bastare, essere sufficiente	25
つかれ ない	つかれた	stancarsi	13
つけ ない	つけた	accendere	14
でかけ ない	でかけた	uscire (di casa)	17
でき ない	できた	sapere (fare), potere (fare)	18
で ない	でた	uscire [il resto]	23

	forma-ます		forma-て	forma diz.
出ます[きっさてんを〜]	で	ます	でて	でる
出ます[だいがくを〜]	で	ます	でて	でる
止めます	とめ	ます	とめて	とめる
寝ます	ね	ます	ねて	ねる
乗り換えます	のりかえ	ます	のりかえて	のりかえる
始めます	はじめ	ます	はじめて	はじめる
負けます	まけ	ます	まけて	まける
見せます	みせ	ます	みせて	みせる
見ます	み	ます	みて	みる
迎えます	むかえ	ます	むかえて	むかえる
やめます[かいしゃを〜]	やめ	ます	やめて	やめる
忘れます	わすれ	ます	わすれて	わすれる

forma-ない		forma-た	significato	lezione
で	ない	でた	uscire [dal bar]	14
で	ない	でた	finire [l'università]	16
とめ	ない	とめた	fermare, parcheggiare	14
ね	ない	ねた	dormire, coricarsi	4
のりかえ	ない	のりかえた	cambiare (treno, mezzo di trasporto)	16
はじめ	ない	はじめた	iniziare, cominciare	16
まけ	ない	まけた	perdere, essere sconfitto	21
みせ	ない	みせた	mostrare, far vedere	14
み	ない	みた	vedere, guardare	6
むかえ	ない	むかえた	accogliere (qualcuno)	13
やめ	ない	やめた	licenziarsi [dalla ditta], smettere	21
わすれ	ない	わすれた	dimenticare	17

Gruppo III

	forma-ます		forma-て	forma diz.
案内します	あんないし	ます	あんないして	あんないする
運転します	うんてんし	ます	うんてんして	うんてんする
買い物します	かいものし	ます	かいものして	かいものする
来ます	き	ます	きて	くる
結婚します	けっこんし	ます	けっこんして	けっこんする
見学します	けんがくし	ます	けんがくして	けんがくする
研究します	けんきゅうし	ます	けんきゅうして	けんきゅうする
コピーします	コピーし	ます	コピーして	コピーする
散歩します[こうえんを〜]	さんぽし	ます	さんぽして	さんぽする
残業します	ざんぎょうし	ます	ざんぎょうして	ざんぎょうする
します	し	ます	して	する
します[ネクタイを〜]	し	ます	して	する
修理します	しゅうりし	ます	しゅうりして	しゅうりする
出張します	しゅっちょうし	ます	しゅっちょうして	しゅっちょうする
紹介します	しょうかいし	ます	しょうかいして	しょうかいする
食事します	しょくじし	ます	しょくじして	しょくじする
心配します	しんぱいし	ます	しんぱいして	しんぱいする
説明します	せつめいし	ます	せつめいして	せつめいする
洗濯します	せんたくし	ます	せんたくして	せんたくする
掃除します	そうじし	ます	そうじして	そうじする
連れて来ます	つれてき	ます	つれてきて	つれてくる
電話します	でんわし	ます	でんわして	でんわする
勉強します	べんきょうし	ます	べんきょうして	べんきょうする
持って来ます	もってき	ます	もってきて	もってくる
予約します	よやくし	ます	よやくして	よやくする
留学します	りゅうがくし	ます	りゅうがくして	りゅうがくする

forma-ない		forma-た	significato	lezione
あんないし	ない	あんないした	fare da guida	24
うんてんし	ない	うんてんした	guidare (veicolo)	18
かいものし	ない	かいものした	fare shopping, fare la spesa	13
こ	ない	きた	venire	5
けっこんし	ない	けっこんした	sposarsi	13
けんがくし	ない	けんがくした	visitare (per studio o turismo)	16
けんきゅうし	ない	けんきゅうした	fare ricerca	15
コピーし	ない	コピーした	fare fotocopie	14
さんぽし	ない	さんぽした	fare una passeggiata [per il parco]	13
ざんぎょうし	ない	ざんぎょうした	fare gli straordinari	17
し	ない	した	fare	6
し	ない	した	fare il nodo [alla cravatta]	22
しゅうりし	ない	しゅうりした	riparare	20
しゅっちょうし	ない	しゅっちょうした	fare un viaggio di lavoro	17
しょうかいし	ない	しょうかいした	presentare	24
しょくじし	ない	しょくじした	fare un pasto	13
しんぱいし	ない	しんぱいした	preoccuparsi	17
せつめいし	ない	せつめいした	spiegare	24
せんたくし	ない	せんたくした	fare il bucato	19
そうじし	ない	そうじした	fare le pulizie	19
つれてこ	ない	つれてきた	portare (qualcuno)	24
でんわし	ない	でんわした	telefonare	16
べんきょうし	ない	べんきょうした	studiare	4
もってこ	ない	もってきた	portare (qualcosa)	17
よやくし	ない	よやくした	prenotare	18
りゅうがくし	ない	りゅうがくした	studiare all'estero	21

監修　Supervisori
鶴尾能子（Tsuruo Yoshiko）　石沢弘子（Ishizawa Hiroko）

執筆協力　Collaboratori
田中よね（Tanaka Yone）　澤田幸子（Sawada Sachiko）　重川明美（Shigekawa Akemi）
牧野昭子（Makino Akiko）　御子神慶子（Mikogami Keiko）

イタリア語翻訳　Traduzione italiana
Edoardo Gerlini　今井弘美（Imai Hiromi）

本文イラスト　Illustrazioni
田辺澄美（Tanabe Kiyomi）　佐藤夏枝（Sato Natsue）

装丁・本文デザイン　Impaginazione e copertina
山田武（Yamada Takeshi）

写真提供
栃木県、姫路市、広島県

みんなの日本語　初級Ⅰ　第2版
翻訳・文法解説　イタリア語版

2013年3月27日　初版第1刷発行
2024年7月5日　第6刷発行

編著者　スリーエーネットワーク
発行者　藤嵜政子
発　行　株式会社スリーエーネットワーク
　　　　〒102-0083　東京都千代田区麹町3丁目4番
　　　　　　　　　　トラスティ麹町ビル2F
　　　　電話　営業　03（5275）2722
　　　　　　　編集　03（5275）2725
　　　　https://www.3anet.co.jp/
印　刷　倉敷印刷株式会社

ISBN978-4-88319-635-7 C0081
落丁・乱丁本はお取替えいたします。
本書の全部または一部を無断で複写複製（コピー）することは著作権法上
での例外を除き、禁じられています。
「みんなの日本語」は株式会社スリーエーネットワークの登録商標です。

みんなの日本語シリーズ

みんなの日本語 初級I 第2版

- 本冊(CD付) ……………… 2,750円(税込)
- 本冊 ローマ字版(CD付) …… 2,750円(税込)
- 翻訳・文法解説 …………… 各2,200円(税込)
  英語版／ローマ字版【英語】／中国語版／韓国語版／
  ドイツ語版／スペイン語版／ポルトガル語版／
  ベトナム語版／イタリア語版／フランス語版／
  ロシア語版(新版)／タイ語版／インドネシア語版／
  ビルマ語版／シンハラ語版／ネパール語版
- 教え方の手引き …………… 3,080円(税込)
- 初級で読めるトピック25 …… 1,540円(税込)
- 聴解タスク25 ……………… 2,200円(税込)
- 標準問題集 ………………… 990円(税込)
- 漢字 英語版 ……………… 1,980円(税込)
- 漢字 ベトナム語版 ………… 1,980円(税込)
- 漢字練習帳 ………………… 990円(税込)
- 書いて覚える文型練習帳 …… 1,430円(税込)
- 導入・練習イラスト集 ……… 2,420円(税込)
- CD 5枚セット ……………… 8,800円(税込)
- 会話DVD …………………… 8,800円(税込)
- 会話DVD　PAL方式 ……… 8,800円(税込)
- 絵教材CD-ROMブック …… 3,300円(税込)

みんなの日本語 初級II 第2版

- 本冊(CD付) ……………… 2,750円(税込)
- 翻訳・文法解説 …………… 各2,200円(税込)
  英語版／中国語版／韓国語版／ドイツ語版／
  スペイン語版／ポルトガル語版／ベトナム語版／
  イタリア語版／フランス語版／ロシア語版(新版)／
  タイ語版／インドネシア語版／ビルマ語版／
  ネパール語版
- 教え方の手引き …………… 3,080円(税込)
- 初級で読めるトピック25 …… 1,540円(税込)
- 聴解タスク25 ……………… 2,640円(税込)
- 標準問題集 ………………… 990円(税込)
- 漢字 英語版 ……………… 1,980円(税込)
- 漢字 ベトナム語版 ………… 1,980円(税込)
- 漢字練習帳 ………………… 1,320円(税込)
- 書いて覚える文型練習帳 …… 1,430円(税込)
- 導入・練習イラスト集 ……… 2,640円(税込)
- CD 5枚セット ……………… 8,800円(税込)
- 会話DVD …………………… 8,800円(税込)
- 会話DVD　PAL方式 ……… 8,800円(税込)
- 絵教材CD-ROMブック …… 3,300円(税込)

みんなの日本語 初級 第2版

- やさしい作文 ……………… 1,320円(税込)

みんなの日本語 中級I

- 本冊(CD付) ……………… 3,080円(税込)
- 翻訳・文法解説 …………… 各1,760円(税込)
  英語版／中国語版／韓国語版／ドイツ語版／
  スペイン語版／ポルトガル語版／フランス語版／
  ベトナム語版
- 教え方の手引き …………… 2,750円(税込)
- 標準問題集 ………………… 990円(税込)
- くり返して覚える単語帳 …… 990円(税込)

みんなの日本語 中級II

- 本冊(CD付) ……………… 3,080円(税込)
- 翻訳・文法解説 …………… 各1,980円(税込)
  英語版／中国語版／韓国語版／ドイツ語版／
  スペイン語版／ポルトガル語版／フランス語版／
  ベトナム語版
- 教え方の手引き …………… 2,750円(税込)
- 標準問題集 ………………… 990円(税込)
- くり返して覚える単語帳 …… 990円(税込)

- 小説 ミラーさん
  ―みんなの日本語初級シリーズ―
- 小説 ミラーさんII
  ―みんなの日本語初級シリーズ―
  …………………… 各1,100円(税込)

スリーエーネットワーク

ウェブサイトで新刊や日本語セミナーをご案内しております。
https://www.3anet.co.jp/